Dr. Rolf Ebeling

Evaluationsforschung in der Jugendhilfe:

Die Einbeziehung der Klientenperspektive als zentrale Ressource zur Weiterentwicklung des Qualitätsmanagements - die Meinung der Kunden zählt

Rolf Ebeling

EVALUATIONSFORSCHUNG IN DER JUGENDHILFE:

Die Einbeziehung der Klientenperspektive als zentrale Ressource zur Weiterentwicklung des Qualitätsmanagements – die Meinung der Kunden zählt

ibidem-Verlag
Stuttgart

Bibliografische Information Der Deutschen Bibliothek

Die Deutsche Bibliothek verzeichnet diese Publikation in der Deutschen Nationalbibliografie; detaillierte bibliografische Daten sind im Internet über <http://dnb.ddb.de> abrufbar.

∞

Gedruckt auf alterungsbeständigem, säurefreien Papier
Printed on acid-free paper

ISBN: 3-89821-302-1

Printed in Germany

„Es ist heutzutage Mode geworden, das Bücherschreiben als Endzweck des Studierens anzusehen, daher studieren so viele, um zu schreiben, anstatt dass sie studieren sollten, um zu wissen."

Georg Christoph Lichtenberg (1742-1799)

Inhaltsverzeichnis

Abbildungen

Tabellen

0 Vorwort

Die Einbeziehung der Klientenperspektive als zentrale Ressource zur Weiterentwicklung des Qualitätsmanagements der Jugendhilfe - die Meinung der Kunden zählt

Ob gut oder schlecht, über die Qualität der Arbeit in Jugendhilfeeinrichtungen, entscheiden fast nur Experten. Sie diskutieren Standards, entwickeln neue Konzepte und evaluieren Prozesse. In der Jugendhilfe Eckehardt des Unternehmensbereichs Gebal GmbH der v. Bodelschwinghschen Anstalten Bethel ist das anders. Da urteilen die Betroffenen selbst über die Qualität der Maßnahmen. Seit drei Jahren werden Kinder, Jugendliche, Eltern und auch das Jugendamt als kommunaler Träger befragt, ob sie mit den Hilfeangeboten, den Möglichkeiten zur Mitgestaltung und Mitbestimmung zufrieden sind.

„Mein Zimmer oder meine Wohnung war für mich groß genug - Ich hatte das Gefühl mich beschweren zu können ohne einen Nachteil zu haben - Es gab klare Regeln und Absprachen in der Gruppe.“ Das sind einige der Aussagen, die die Jugendlichen der Jugendhilfe Eckehardt in einem Fragebogen bewerten können.

Die Idee, im Rahmen der im § 78 Kinder- u. Jugendhilfegesetz geforderten Qualitätsentwicklungsvereinbarung, Jugendliche und Eltern bei der Entwicklung einer dienstleistungsorientierten Jugendhilfe mit einzubeziehen, hatte Michael Walde, der Einrichtungsleiter der Jugendhilfe Eckehardt. Ihm war wichtig, dass die Kunden die Möglichkeit haben, sich über die Qualität der Angebote zu äußern. Bisher wurden rund zweihundertfünfzig Jugendliche, dreißig Eltern/Sorgeberechtigte und 60 Sachbearbeiter unterschiedlicher Jugendämter ausführlich interviewt. In der NutzerInnenbefragung geht es vor allem um drei Bereiche: Qualität der Rahmenbedingungen, wie Unterbringung und Freizeitangebote, Prozessqualität, wie Mitspracherecht und Beschwerdemanagement, und Ergebnis- und Erfolgsqualität, wie Grad der Hilfeplanerfüllung, Schulabschluss und Erwerb lebenspraktischer Fähigkeiten.

„Die Auswertungen der ersten drei Befragungsaktionen in den

Jahren 2000, 2001 und 2002 haben große Übereinstimmung bei den Befragten gezeigt, sowohl in Kritik, als auch in Zustimmung. Beim Beschwerdemanagement gab es für die eine oder andere Einrichtung auch negative Werte. Besonders gut bewerteten die befragten Jugendlichen ihre Wohnsituation in den Einrichtungen. Mit Größe und Ausstattung ihrer Zimmer waren sie völlig einverstanden. Und auch ihren Betreuern gaben sie gute Noten. Bei Aussagen wie, ich wusste, bei wem ich mich beschweren musste oder ich hatte das Gefühl mich beschweren zu können, waren die Jugendlichen in ihrer Zustimmung jedoch zurückhaltender. Es ist verfrüht etwas über die Auswirkung der Forschungsarbeit auf die pädagogische Praxis zu sagen. Jedoch geben wir den Teams in den Einrichtungen Rückmeldungen über Zufriedenheit und Unzufriedenheit der Klienten. Dadurch kommt es zum Diskurs mit den Jugendlichen und Kindern und damit auch zu Veränderungen.

Die folgenden Ausführungen beschreiben aus der Perspektive eines freien Trägers der Erziehungshilfe, die Implementation und die Ergebnisse einer NutzerInnenbefragung im Kontext einer Qualitätsentwicklungsvereinbarung. Nach einer kurzen Einleitung im ersten Abschnitt, werden die Vorannahmen und grundlegenden Prämissen der Erhebung im zweiten Abschnitt ausführlich erläutert. Der dritte Abschnitt erklärt die Anlage und Durchführung der Erhebung und im vierten Abschnitt werden die Ergebnisse präsentiert. Abschließend werden im fünften Kapitel die Ergebnisse und ersten Erkenntnisse kurz zusammengefasst.

1 Einleitung

Seit Mitte 1999 hat die Qualitätszirkelarbeit in allen Teams und Gremien des Fachbereichs Erziehungshilfen begonnen. Die Qualitätsmatrix des Fachbereichs bildet die Grundlage für die Qualitätsentwicklung. Inhaltlich haben solche Maßnahmen viele Namen: ob sie als Zertifizierungsverfahren, Beschreibung von Kundenpfaden, Einführung von Qualitätsbeauftragten, Qualitätszirkel, interne Planungsgruppe, externe Beratung oder anders eingesetzt werden, ist hier sekundär und eine rein pragmatische Frage. Ihr gemeinsames Ziel ist immer die Stärkung der Fähigkeiten zur Selbst- und Fremdbeobachtung durch organisatorische Maßnahmen, so dass es sich um Selbst- und Fremdevaluation im weitesten Sinn handelt. Diese Selbst- und Fremdbeobachtung kann als zweiter Kernprozess des Qualitätsmanagements bezeichnet werden. Es liegt die Versuchung nahe festzustellen: „Mit dem ersten Prozess, dem Leitbild, wird das „Soll" festgeschrieben und mit dem anderen, dem zweiten Kernprozess, das „Ist" (vgl. EREV 3/2000)."

Eine thematisch neue Dimension der Qualitätsentwicklung gründet sich im Fachbereich Erziehungshilfen auf die mit dem öffentlichen Träger abgeschlossenen Zielvereinbarungen. Im Eckehardter Modell (vgl. Ebeling; 2002) soll als Standardentwicklung im Hinblick auf das Qualitätsmanagement der Jugendhilfe Eckehardt die pädagogische Praxis durch Kundenbefragungen evaluiert werden.

Zur Erläuterung der Konzeption und Anlage der hier vorliegenden Untersuchung, muss zunächst auch das Konzept einer lebensweltorientierten Sozialen Arbeit, als ein theoretisches Bezugsfeld der Erhebung dargelegt werden. Dieses bildet die Grundlage für wesentliche, im Leitbild der Einrichtung verankerte, Leitziele, um Hypothesen zum Gelingen von Hilfeangeboten und zu Prämissen der Erfolgsbewertung herausarbeiten zu können. Der Evaluationsansatz der vorliegenden Erhebung ist als Qualitätsentwicklungsprozess zur Veränderung des Leistungsprofils vereinbart worden. Zur Beurteilung des gesamten Leistungsspektrums erzieherischer Hilfen ist eine Kombination der unterschiedlichen Perspektiven im Blick auf das Leistungsangebot notwendig. So vernetzt die Erhebung die summative Zusammenschau dieser Einzelfallbilanzierungen und lässt Aussagen über das spezifische Angebot zu. Sie zielt darauf ab, den expertokratischen oder administrativen Blickwinkel auf den Hilfeverlauf um die subjektive Bewertung der AdressatInnen der Hilfe zu erweitern. Wie bewerten die Betroffenen selbst die Hilfeangebote, die „Qualität" der erhaltenden Unterstützung, die Möglichkeiten der Mitgestaltung und der Mitsprache? Letztendlich wie bewerten sie, was ihnen die Hilfe „gebracht" hat. Die Einbeziehung der Klientenperspektive wird dabei als wichtige und zentrale Ressource der Weiterentwicklung einer dienstleistungsorientierten Jugendhilfe genutzt. Sie ermöglicht damit die im Untersuchungsdesign intendierte Gegenüberstellung und Spiegelung der professionellen und subjektiven Wahrnehmungsweisen.

Im einrichtungsinternen Diskurs konnten gemeinsame Bewertungskriterien festgelegt werden, die als Basis zur Überprüfung des Standards der Leistungsqualität der Erziehungshilfe Anwendung finden. Es ist dabei zu berücksichtigen, dass sowohl die professionellen, als auch die subjektiven Wahrnehmungen Selektionen und Verzerrungen unterliegen. Es muss jedoch die Bestimmung dessen, was sowohl aus der professionellen, als aus subjektiver Sicht als erfolgreich und gelungen definiert wird, ernst genommen und als Wirklichkeit der einzelnen am Hilfeprozess Beteiligten verstanden werden. Jenseits dieser vorerst oft nur programmatisch zu führenden Argumentation liegen hier aber auch Forschungsergebnisse vor, die für die Entwicklung der Qualitätsdimensionen und –kriterien hilfreich erscheinen. Eine erste Bilanzierung der Befunde lässt sich zu einem Anforderungsprofil für eine modernere Gestaltung des Fachbereichs Erziehungshilfen bündeln.

2 Vorannahmen und grundlegende Prämissen der Erhebung

Hier sollen die wichtigen Vorannahmen, die sowohl die Konzipierung, Planung und Durchführung der Erhebung, sowie die Auswertung der Untersuchungsergebnisse beeinflusst haben, erläutert werden. Nach Abschluss des Evaluationsvorhabens muss ihr tatsächlicher Einfluss auf das Gelingen von Hilfeangeboten überprüft werden. Basierend auf dem Leitbild der Einrichtung und der in der Qualitätsmatrix definierten Schlüsselprozesse gilt es zur Weiterentwicklung des Qualitätsmanagement der Einrichtung zu prüfen, ob erzieherische Hilfen dann gelingen bzw. in solchen Fällen gelingen, wenn:

- die Partizipation der jungen Menschen groß ist,
- ein/eine MitarbeiterIn von dem jungen Menschen als durchsetzungsfähig wahrgenommen wird,
- ein junger Mensch sich in der Betreuung geschützt/geborgen fühlt,
- der junge Mensch sich in der Betreuung weniger einsam/isoliert fühlt,
- mehr direkter Kontakt zwischen dem/den MitarbeiterInnen und dem jungen Menschen besteht,
- die Betreuung durch den jungen Menschen als gerecht empfunden wird,
- der Alltag des jungen Menschen strukturiert ist,
- die Kooperation zwischen unserer Einrichtung und dem Jugendamt optimal ist,
- die Organisationsstruktur der Einrichtung professionell ist,
- die Beteiligung der Eltern groß ist,
- die Hilfeplanung realistisch/konkret ist,
- der Aufnahmeprozess effektiv ist,
- weniger Wechsel in der jeweiligen Lebenssituation stattgefunden haben,
- und die bei allen wahrgenommene Kompetenz der MitarbeiterInnen der Einrichtung groß ist.

Einige Grundlegende Prämissen zur Gestaltung, Konzipierung und Durchführung eines Evaluationsvorhabens, neben diesen eher inhaltlich begründeten Annahmen zum Gelingen erzieherischer Hilfen, lassen sich aus dem bestehenden Qualitätsmanagement des Fachbereichs Erziehungshilfen aufzeigen. Die folgenden unterschiedlichen Blickrichtungen bilden die Grundlage für das Forschungsdesign der vorliegenden Evaluationsstudie:

a) Alltags- oder entwicklungsspezifische Blickrichtung

Die jungen Menschen können zu der Forderung nach mehr Transparenz und Verbindlichkeit in fachlichen Ansprüchen und den praktischen Verfahrensabläufen sowie zur weiteren umfassenden Qualitätsentwicklung in der Erziehungshilfe Stellung beziehen. Dies berücksichtigt, dass die Qualität der Dienstleistung „Jugendhilfe" unter Einbeziehung der Leistungsberechtigten, die inzwischen im Fachjargon als „Koproduzenten" bezeichnet werden, mitverantwortet wird. Somit werden die Ansprüche von jungen Menschen nach den Aspekten der Lebensweltorientierung und auch im Sinne der Kunden- oder Adressatenorientierung konsequent integriert. Die Ergebnisse und Prozesse können professionell ausgewertet und auch dokumentiert werden. Für Adressaten der Dienstleistung wird hier eine höhere Beteiligung im Prozess der Maßnahmeplanung und –durchführung eingeräumt, um einen größeren Schutz vor unqualifizierten Interventionen durch Qualitätsentwicklungsverfahren zu gewährleisten. Es handelt sich hierbei um die im betreffenden Betreuungsbereich erlebte Zufriedenheit sowie jeweils der Alltagssituation und dem Entwicklungsgrad des jungen Menschen entsprechende subjektive Einschätzung der Struktur-, Prozess- und Ergebnisqualität.

b) Sozial- oder schichtspezifische Blickrichtung

Um ein Qualitätsverständnis zu definieren, in dem die jungen Menschen und ihre Familien im Mittelpunkt stehen, sollen die Eltern/Sorgeberechtigten der jungen Menschen aktiv an der Gestaltung der Lebensverhältnisse in der Erziehungshilfe mitwirken. Die Nutzung ihrer vorhandenen sozial- oder schichtspezifischen Ressourcen, ihre subjektiv erlebte Zufriedenheit sowie die auf sozial- oder schichtspezifischer Einschätzung basierende Bewertung der Struktur-, Prozess- und Ergebnisqualität, kann auch im Sinne von Kunden- oder Adressatenorientierung konsequent integriert werden. Die Ergebnisse und Prozesse können professionell ausgewertet, dokumentiert und zur Standardentwicklung im Qualitätsmanagement genutzt werden.

c) Expertokratische oder administrative Blickrichtung

Die Leitidee einer „lernenden Organisation" erfordert eine fehlerfreundliche Kultur. Um die Qualitätsentwicklung im Dialog zu gestalten, bedarf es eines Prüfverständnisses, dass die Weiterentwicklung der Qualität zum Ziel hat. Dieser dynamische Prozess muss berücksichtigen, dass die Qualität der Jugendhilfe von freien und öffentlichen Trägern unter Einbeziehung aller Beteiligten gemeinsam verantwortet wird. Es ist mehr Transparenz und Verbindlichkeit in den fachlichen Ansprüchen und praktischen Verfahrensabläufen zu gewährleisten. Die Fachkräfte in den Einrichtungen und Diensten sollen durch dieses Qualitätsentwicklungsverfahren wichtige Rückmeldungen zur subjektiv erlebten Struktur-, Prozess- und Ergebnisqualität geben und durch den Blick von „außen" die Evaluation des Qualitätsmanagements kritisch begleiten. So kann eine Verbesserung der Transparenz der Arbeitsziele, der internen und externen Kommunikation und die Weiterentwicklung der Kompetenzen im Dialog erfolgen.

Bei der Konzipierung der vorliegenden Erhebung waren diese drei Blickrichtungen handlungsleitend. Im Folgenden wird ausgehend von diesen Grundannahmen und den Prämissen des Qualitätsmanagements des Fachbereichs Erziehungshilfe der Evaluationsansatz erläutert.

2.1 Der Evaluationsansatz der Erhebung

Die Frage nach der Leistungsqualität, ob erzieherische Hilfen ihrer Intention entsprechend, nämlich ein pädagogisch inszenierter, eigener Erfahrungsraum ist, der Kindern und Jugendlichen die Klärung und Stabilisation ihrer Verhältnisse ermöglicht, muss genau so untersucht werden, wie die Frage, ob hierbei neue Optionen für ihre Lebensgestaltung aufgezeigt werden können. Bezogen auf die Leistungsqualität wird gemeinhin die Struktur-, Prozess- und Ergebnisqualität unterschieden (vgl. Kröger 1998), wobei als ein wichtiges Merkmal der Ergebnisqualität das subjektive Wohlbefinden der Leistungsberechtigten zu bezeichnen ist (vgl. Münder 1998, S. 589f.). Diese Merkmale der Leistungsqualität beziehen sich sowohl auf den Ertrag für die AdressatInnen als auch auf spezifische Standards professionellen Handelns. Damit können drei Dimensionen einer Überprüfung, deren getrennte Betrachtungsweise nur durch Forschungszwecke legimitiert sind, benannt werden: die Strukturen der Einrichtung, die „Erfolge" für die AdressatInnen und die Prozessmodi.

Die Leistungen der *Strukturqualität*

Für das Handlungsfeld der Hilfen zur Erziehung nehmen die Leistungen der Strukturqualität in erster Linie Bezug auf die infrastrukturellen Rahmenbedingungen der Einrichtungen. Als unumstrittene Qualitätskriterien wären hier z.B. die Qualifikationsprofile der MitarbeiterInnen, ein stabiles Betreuungssetting, die Ausstattungsstandards, die finanzielle Ausstattung u.v.m. zu nennen (vgl. Merchel 1998, S. 225). Diese allgemeinen konsensfähigen Organisationsstrukturen der Institutionen bilden neben den als ambivalent zu bezeichnenden Merkmalen, die als konzeptionelle Spezifika zu fassen sind, die Merkmale der Strukturqualität. Hier wären als konzeptionelle Differenzen folgende Themenschwerpunkte:

- Positionierung von Spezialdiensten
- Sozialraumorientierung
- Lebensweltorientierung
- Stellenwert der Elternarbeit
- Erlebnispädagogische Spezialangebote
- Entsäulung/Flexibilisierung
- Differenzierung der Angebote
- Ausbildungs- und Schulangebote
- therapeutische Angebote

- Geschlossene Unterbringung

exemplarisch zu nennen.

Die Leistungen der *Prozessqualität*

Die Leistungen, die geeignet erscheinen, ein bestimmtes Ziel zu erreichen werden in der Regel als ***Prozessqualität*** bezeichnet (vgl. Heiner 1996, S. 29). Häufig ist im Allgemeinen das Primärziel (z.B. Rückführung in die Herkunftsfamilie) bekannt, doch das unbestimmte ist die eventuelle im pädagogischen Prozess notwendig gewordene Modifikation (z.B. Verselbstständigung in eine eigene Wohnung) der Primärziele. Beide Ziele stehen gleichberechtigt nebeneinander und der exakte Ausgang und das genaue "Procedere" können nur in wenigen Fällen ex ante genau bestimmbar sein. Als Verfahrensmodi für Prozessqualitäten lassen sich somit nur Transparenz, Partizipation u.v.m. bestimmen und die im Einzelfall spezifische Qualität lässt sich nur aus den jeweils fokussierten Schlüsselprozessen aufzeigen (vgl. Flösser 1999, S. 89).

Die Leistungen der *Ergebnisqualität*

Als ***Ergebnisqualität*** werden jene Dimensionen bezeichnet, die den Grad der Zielerreichung als Erfolg pädagogischer Interventionen messen wollen. Offen bleibt die Frage, ob es in Anbetracht eines komplexen Wirkungsgefüges, wie die Hilfen zur Erziehung, die dem "charakteristischen Mangel an eindeutigen Ursache-Wirkungs-Beziehungen" (Merchel 1998, S. 31) unterliegen, es überhaupt sinnvoll sein kann, dieses zu versuchen, um eine wie auch immer geartete Ergebnisqualität zu fixieren. Bei den Versuchen stellen sich erhebliche Messprobleme ein: " Ob also ein registrierter Effekt auf das Handeln der Organisationen zurückzuführen ist - oder ob andere Faktoren für die Wirkung ausschlaggebend sind - ist nicht eindeutig feststellbar" (Klatezki 1994, S. 60). Erreichte Ergebnisqualitäten, wie etwa Legalbewährung, Schulabschlüsse, Berufsabschlüsse der Adressaten stellen trotzdem Eckdaten dar, die auf eine gelungene respektiv misslungene Heimerziehung verweisen können. Als ein wichtiges Merkmal der Ergebnisqualität ist das subjektive Wohlbefinden der Leistungsberechtigten zu bezeichnen (vgl. Münder 1998, S. 589f.).

Zur Beurteilung des gesamten Leistungsspektrums erzieherischer Hilfen ist eine Kombination der unterschiedlichen Perspektiven im Blick auf das Leistungsangebot notwendig. So vernetzt die Erhebung die summative Zusammenschau dieser Einzelfallbilanzierungen und lässt Aussagen über das spezifische Angebot zu. Es ist dabei zu berücksichtigen, dass sowohl den professionellen, als auch den subjektiven Wahrnehmungen Selektionen und Verzerrungen unterliegen. Es muss jedoch die Bestimmung dessen, was sowohl in der professionellen sowie subjektiven Sicht als erfolgreich und gelungen definiert wird, ernst genommen und als Wirklichkeit der einzelnen am Hilfeprozess Beteiligten verstanden werden.

2.2 Reflexions- und Innovationsphase im Forschungsprojekt

Das Eckehardter Modell, zur Evaluationsforschung in der Jugendhilfe, wurde während der Reflexionsphase modifiziert und es konnten neue Untersuchungsbereiche adaptiert werden. Im Rahmen unseres Kooperationsprojektes mit der Universität in Bielefeld, entwickelten Studenten und Studentinnen der Projektgruppe im Sommersemester 2001 und im Wintersemester 2001/2002, in Absprache mit der Fragebogen AG der Einrichtung, die eingesetzten Forschungsinstrumente weiter.
Handlungsleitend für die Weiterentwicklung waren:

- die Ergebnisse der ersten Auswertung
- die Erkenntnisse der ersten Rückmeldung
- die Rückmeldungen der jungen Menschen
- die Rückmeldungen der Sorgeberechtigten
- die Rückmeldungen der Jugendämter
- die Rückmeldungen der Interviewerin

Aus der Reflexions- und Innovationsphase sind folgende wesentlichen Modifizierungen im Forschungsabschnitt 2002 zu skizzieren:

- Sensibilisierung der Antwortkategorien (Freizeitverhalten, Beschwerdemanagement, Schutz der jungen Menschen usw.).
- Differenzierung der Wohnsituation (Einzelwohnen usw.)
- Spezifischer Fragebogenteil zur Veränderung oder Beendigung der Maßnahme.
- Implementierung weiterer Indikatoren zur Ergebnisqualität (Legalbewährung, Schul- oder Ausbildungsabschluss, Selbstständigkeit usw.).
- Verzicht auf Kontrollfragen im Jugendamtsfragebogen
- altersspezifische Forschungsinstrumente für die Kinder und Jugendlichen der Tagesgruppen.
- einen Elternfragebogen für Tagesgruppen.
- es werden die Kinder und Jugendlichen, die Eltern/ Sorgeberechtigten und die Fachkräfte des Jugendamts der in den Tagesgruppen betreuten jungen Menschen befragt.

3 Anlage und Durchführung der Erhebung

3.1 Anlage der Erhebung

Der Fachbereich Erziehungshilfen intendierte mit der im Qualitätsdialog vereinbarten Erhebung eine Standardentwicklung im Hinblick auf das Qualitätsmanagement der Jugendhilfe. Dies erfordert eine Untersuchungspopulation gemäß der in der Qualitätsentwicklungs-vereinbarung getroffenen Kundenbefragung. Für die ersten Untersuchungsabschnitte wurde vom Auftraggeber der Untersuchungsgegenstand vorgegeben.

Auf die Notwendigkeit des Untersuchungsdesigns, das einen Zugang zur professionellen Wirklichkeit ermöglicht und auch die subjektive Beurteilung der erfahrenen Hilfe aus Sicht der Betroffenen zulässt, wird verwiesen. Um dieser zentralen Anforderung zu entsprechen, teilt sich die Untersuchungskonzeption in drei Abschnitte auf:

1. Zwei standardisierte Befragungen junger Menschen hinsichtlich ihrer subjektiven Bewertung der erfahrenen Hilfe (in der Wochen-/Tagesgruppe nur eine standardisierte Befragung).
2. Eine standardisierte Befragung der Eltern/Sorgeberechtigten hinsichtlich ihrer subjektiven Beurteilung der Hilfe.
3. Eine standardisierte Befragung der Fachkräfte des Jugendamts hinsichtlich ihrer subjektiven Beurteilung der Hilfe.

Das ursprüngliche Untersuchungsdesign sah vor, alle jungen Menschen sowie ihre Eltern/Sorgeberechtigten und die Fachkräfte des Jugendamts am Ende der Maßnahme oder bei dem Wechsel in eine andere Maßnahme zu befragen. Mit der gleichwertigen Gegenüberstellung aller drei subjektiven Bewertungen, bezogen auf den gleichen Hilfeverlauf, war ein zusätzlicher Erkenntnisgewinn hinsichtlich der Übereinstimmung und Differenzen zwischen den Wahrnehmungen intendiert.

Eine sehr emotional geführte Debatte, insbesondere über den Zeitpunkt der Befragung, den/die InterviewerIn sowie die Anonymität der Erhebung als kollegiale Prozess begründet den ersten Untersuchungsteil der Erhebung.

Um die Ängste der Betroffenen vor Fremdwertung und Ausforschung zu vermeiden, wird die klassische Fremdevaluation zunehmend durch beteiligungsorientierte Formen ersetzt. Denn bei der klassischen Fremdevaluation hat ein externer Spezialist je nach Auftragsumfang und Fragestellung für die gesamte Durchführung eines Evaluationsprozesses verantwortlich gezeichnet. Diese unterstützen die Praxis dabei, z.B. Instrumente zu entwickeln, Daten auszuwerten und zu interpretieren, überlassen ansonsten jedoch die Steuerung den Beteiligten (z.B. Verbreitung und Umsetzung der Ergebnisse)" (EREV 1998, S. 52). Insofern wird die Selbstevaluation auch als „Qualitätssicherung 'von unten`" (v. Spiegel 1998, S. 351ff.) bezeichnet. So wurde im kollegialen Prozess die Erstbefragung der jungen Menschen in den ersten zwei bis drei Monaten nach der Aufnahme vereinbart. Dies ermöglicht eine prozesshafte Bewertung und Betrachtung von Veränderungen der subjektiven Wahrnehmung der jungen Menschen.

Die folgende Abbildung stellt die einzelnen Bestandteile der Studie graphisch dar:

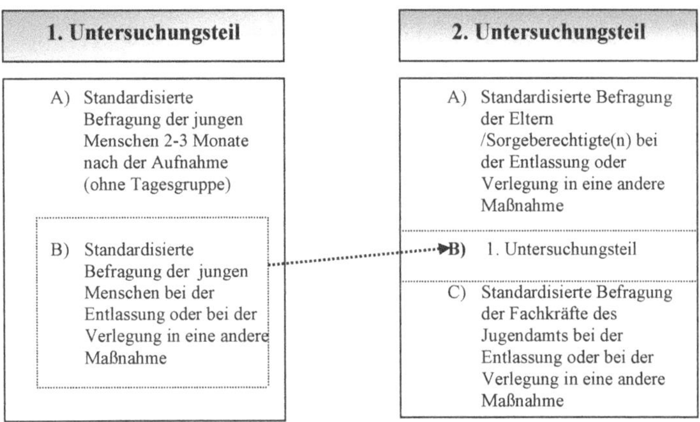

Die standardisierte Erhebung bei den jungen Menschen zu Beginn und am Ende der Maßnahme (ausgenommen Wochen-/Tagesgruppen) stellt den *1. Untersuchungsteil* dar. Ziel dieser Untersuchung ist die prozesshafte Betrachtung der subjektiven Wahrnehmungen der jungen Menschen im Hilfeverlauf. Darüber hinaus liefert die Erhebung mögliche Rückschlüsse auf intendierte Wirkungen des Qualitätsdialogs und es ergeben sich Anzeichen für, sowie mögliche Rückschlüsse auf die durch die jungen Menschen vorzeitig abgebrochenen Hilfeverläufe.

Im *2. Untersuchungsteil* wird durch die standardisierte Erhebung am Ende einer Maßnahme, die Beurteilung des gesamten Leistungsspektrums erzieherischer Hilfen als eine Kombination der unterschiedlichen Perspektiven (junge Menschen, Eltern/Sorgeberechtigte und Fachkräfte des Jugendamts) im Blick auf das Leistungsangebot möglich. Ziel dieses Untersuchungsteils ist die summative Zusammenschau der Einzelfallbilanzierungen. Sie zielt darauf ab, den expertokratischen oder administrativen Blickwinkel auf den Hilfeverlauf, um die subjektive Bewertung der AdressatInnen der Hilfe zu erweitern. Wie bewerten die Betroffenen selbst die Hilfeangebote, die „Qualität" der erhaltenden Unterstützung, die Möglichkeiten der Mitgestaltung und der Mitsprache? Letztendlich, wie bewerten sie, was ihnen die Hilfe „gebracht" hat? Die Einbeziehung der Klientenperspektive wird dabei als wichtige und zentrale Ressource der Weiterentwicklung einer dienstleistungsorientierten Jugendhilfe genutzt. Sie ermöglicht damit die im Untersuchungsdesign intendierte Gegenüberstellung und Spiegelung der professionellen und subjektiven Wahrnehmungsweisen.

3.2 Methodisches Vorgehen und standardisierter Fragebogen

Entsprechend der in der Qualitätsentwicklungsvereinbarung manifestierten Vorgaben und in Absprache mit der Bereichsleitung der Jugendhilfe Eckehardt wurde als Forschungsinstrument ein standardisierter Fragebogen favorisiert. Die Vorteile qualitativer Forschungsmethoden und die Erkenntnismöglichkeiten dieser Ansätze (z.B. Jakob/Wensierski 1997; Grodeck/Schumann 1994) sind zwar nicht von der Hand zu weisen, doch bei der Suche nach der Methode ist es wichtig, das Verständnis- und Erkenntnisinteresse in den Vordergrund zu stellen. Der effizientere Ressourceneinsatz sowie die sehr guten Kenntnisse der vorherrschenden Praxisbedingungen erklären die Methode und begründen den empirisch-quantitativen Forschungsansatz.

Das Forschungsinstrument wurde prozessorientiert (Struktur-,

Prozess- und Ergebnisqualität) angelegt und orientiert sich an der Chronologie des Hilfeverlaufs (Schlüsselprozesse) einzelner Situationen und wichtigen einschneidenden Ereignissen. Analog wurde ein Fragebogen für die Eltern/Sorgeberechtigten und für die Fachkräfte des Jugendamts entwickelt. Die erste Fassung wurde in der Fragebogen AG (Verfasser, Bereichsleiter und Psychologische Abteilung) hinsichtlich der Bewertungskriterien überarbeitet. Es bestand Konsens, die Tagesgruppen der Einrichtung vorläufig auszuklammern, um ihren besonderen Ansprüchen konzeptueller Elternarbeit durch einen veränderten Elternfragebogen gerecht zu werden und für ihre Klientel einen altersspezifischen Fragebogen zu entwickeln. Die überarbeitete Vorlage wurde allen MitarbeiterInnen/Teams vorgestellt. Veränderungswünsche und -vorschläge konnten von den MitarbeiterInnen/Teams in die Gremien der Regional- und Bereichskonferenz eingebracht werden (vgl. v. Spiegel 1998). Nach den letzten Rückmeldungen ist die vorliegende Fassung des Forschungsinstruments in einer abschließenden Fragebogenkonferenz verabschiedet und der Geschäftsführung der Gebal GmbH sowie der MitarbeiterInnenvertretung vorgelegt worden. Der Fachdienst Jugend, Soziales und Wohnen im Bielefelder Jugendamt hat diesem neuen Verfahren als Grundlage für einen zu führenden Qualitätsdialog zugestimmt.

Operationalisierungsfragen:

In der Regionalkonferenz konnten als gemeinsamer einrichtungsinterner Standard Schlüsselprozesse der Qualitätsmatrix als entsprechende Maßstäbe zur Überprüfung der Struktur-, Prozess- und Erfolgsqualität formuliert werden. Diese sind für die drei zu untersuchenden Perspektiven zu operationalisieren.

A) Exemplarisches Beispiel: Operationalisierung der Strukturqualität

Maßstab: Ausstattung und Lage

Merkmal: Ort und Lage der Einrichtung/adressatengemäße Ausstattung der Gruppe/Wohnung

1. Perspektive: junge Menschen

Items: Mein Zimmer oder meine Wohnung war für mich groß genug V011.

	Die Ausstattung meines Zimmers oder meiner Wohnung war für mich ausreichend V012.
	In einer für mich angemessenen Zeit konnte ich für mich wichtige Treffpunkte erreichen V015a.

2. Perspektive: Eltern/Sorgeberechtigte

Items:	Die im Hilfeplangespräch gemachten Angebote der Einrichtung sind eingelöst worden V068.
	Ich habe den Eindruck mit dem im Hilfeplangespräch ausgewählten Angebot gut beraten worden zu sein V069.

3. Perspektive: Fachkräfte des Jugendamts

Items:	Der Standard der Unterbringung in den einzelnen Wohnformen ist angemessen V094.
	Das Angebot stimmt mit der aktuellen Leistungsbeschreibung nicht überein V093.

B) Exemplarisches Beispiel: Operationalisierung der Prozessqualität

Maßstab:	Partizipation
Merkmal:	die Gestaltung der Hilfe- und Erziehungsplanung /kindgerechte Verfahren

1. Perspektive: junge Menschen

Items:	Ich konnte mich an Entscheidungen im Haus/Gruppe beteiligen V019.
	Ich konnte die Freizeitangebote mitgestalten V022.
	Auf meinen Wunsch hin konnte ich jederzeit mit meinen Eltern Kontakt aufnehmen V024.
	Meine Wünsche und Ziele wurden im Hilfeplan berücksichtigt V024a.
	Bei wichtigen mich betreffenden Entscheidungen war ich beteiligt V025.
	Meine Eltern/Sorgeberechtigten sind an meiner Entwicklung in der Maßnahme interessiert V031c.

2. Perspektive: Eltern/Sorgeberechtigte

Items:	Bei wichtigen Entscheidungen wurden wir als Eltern rechtzeitig beteiligt V060.
	Von der Einrichtung getroffene Maßnahmen wurden

mir ausreichend erläutert V063.

Die MitarbeiterInnen hätten mich mehr einbeziehen müssen V081.

Ich wäre gern weniger einbezogen worden V081b.

3. Perspektive: Fachkräfte des Jugendamts

Items: Der betroffene Jugendliche wurde am Aufnahmegespräch nicht beteiligt V096.

Über wichtige Veränderungen im Betreuungsverlauf wurden die VertreterInnen des Jugendamts rechtzeitig informiert V097.

Bei wichtigen Entscheidungen wurden die VertreterInnen des Jugendamts rechtzeitig beteiligt V098.

Die Einrichtung hat bei Veränderungen gemäß der Hilfeplanung die VertreterInnen des Jugendamts rechtzeitig in Kenntnis gesetzt V100.

C) Exemplarisches Beispiel: Operationalisierung der Ergebnisqualität

Maßstab: Erfolgreiche Maßnahme

Merkmal: Verselbständigung/Zufriedenheit/Einhaltung Hilfeplan

1. Perspektive: junge Menschen

Items: Wo wirst Du wenn du bei uns ausgezogen bist wohnen V010?

1. In deiner eigenen Wohnung.
2. Bei deinen Eltern.
3. In einer anderen Wohnform der Einrichtung.
4. In einer anderen Einrichtung der Jugendhilfe.
5. Sonstiges......................................

In meinem Zimmer oder meiner Wohnung konnte ich mich wohl fühlen V013.

Ich fühlte mich durch die MitarbeiterInnen in der Betreuung geschützt V031.

Ich bin mit der Betreuung zufrieden V031a.

Ich bin selbständiger geworden V031b.

2. Perspektive: Eltern/Sorgeberechtigte

Items: Meine Erwartungen hinsichtlich der Maßnahme sind erfüllt worden V071.

Die angebotene Maßnahme hat in unserem familiären Zusammenleben Erleichterung gebracht V072.

Meine Erwartung, dass sich die Entwicklung unseres Sohnes/Tochter positiv gestaltet hat sich erfüllt V080.

Unser Sohn/Tochter ist selbständiger geworden V082a.

3. Perspektive: Fachkräfte des Jugendamts

Items: Die Einrichtung hat den vereinbarten Erziehungsauftrag gemäß der Hilfeplanung erfüllt V099.

Die Betreuung muss passender und flexibler auf den einzelnen Jugendlichen zugeschnitten werden V109.

Die pädagogische Arbeit unserer MitarbeiterInnen ist nicht zufrieden stellend V112.

Für alle hier genannten Beispiele (außer Variable 10) stehen als mögliche Antwortkategorien

- stimme gar nicht zu, (1)
- stimme eher nicht zu, (2)
- stimme eher zu, (3)
- stimme völlig zu, (4)
- trifft für mich nicht zu, (5)

zur Verfügung.

Die folgende Abbildung verdeutlicht die unterschiedlich zu operationalisierenden Perspektiven, an denen der 2. Untersuchungsabschnitt ansetzt:

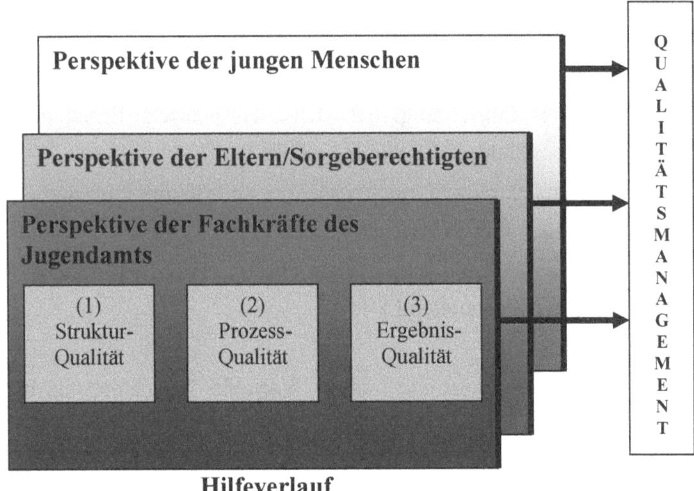

Die hier in der Forschungsanlage getroffene Indikatorenauswahl erfolgte im bezug zum Leitbild, basierend auf einer lebensweltorientierten Sozialen Arbeit, in Korrelation zur Konzeption der Einrichtung. Für die Begrenzung der Gesamtzahl der Indikatoren sind vor allem praktische Aspekte ausschlaggebend, um so das komplette Verfahren in angemessener Zeit durchführen zu können. Ein zu langes und zu anstrengendes Interview lässt die nötige Konzentration bei den zu interviewenden Personen im Feld schnell nachlassen. Die Erbringung der Dienstleistung ist die eigentliche wertschöpfende Schlüsseltätigkeit der Einrichtung, weil sie sich auf das Wechselspiel einer Vielzahl von Personen bezieht und sie naturgemäß stärker zu differenzieren als das klar umschreibbare Element der Kundenzufriedenheit (vgl. Gerull 1996). Auf die gleiche Anzahl der Indikatoren pro Ebene wird aus Gründen der einfacheren Handhabung und der unterschiedlichen Gewichtung verzichtet, somit ergibt sich bei der Prozessdimension ein relatives

Übergewicht. Je abstrakter und umfassender ein Begriff ist, umso schwieriger ist er im Allgemeinen zu operationalisieren.

Gerull bezeichnet die Schwierigkeit ein Messverfahren und entsprechende dazugehörige Konstanten zu ermitteln sowie die Möglichkeit ein verzögertes Eintreten von Erfolgen zu beobachten und anschließend zu bewerten oder eine Messskala für die Stabilität der Erfolge zu entwickeln, als eine weitere interessante Forschungsaufgabe (vgl. Gerull 1996, S. 95ff.). Trotz der vorher beschriebenen Schwierigkeiten stellt sich weiterhin die Frage, "ob diese Erklärung allerdings ein ausreichendes Argument ist, sich völlig der Legitimationsforderung auf der Ebene des Wirkungsnachweises zu verweigern (...). Zum einen wird man mit einer solchen Argumentation im politischen Raum kaum bestehen können, zum anderen wäre zu fragen, ob die Ausgrenzung der Ergebnisqualität aus der Qualitätsdebatte sich in der Heimerziehung nicht eine wichtige Korrektiv-Größe bei einer selbstkritischen Überprüfung ihres Handelns nähme" (Merchel 1998, S. 253). In diesem Zusammenhang schlägt er weiter vor: „Heimerziehung zumindest auf zwei Ebenen überprüfbarer und darstellbarer zu gestalten, zum einen gelte es den Erfolg von Heimerziehung auf der individuellen Ebene zu rekonstruieren, der Grad des Erreichens von Hilfeplänen wäre hier ein erfolgreicher Indikator zum anderen gelte es den Erfolg von Heimerziehung auf der institutionellen Ebene zu rekonstruieren" (Merchel 1998, S. 254). Hier ist zu konstatieren, dass in einem einrichtungsinternen Diskurs gemeinsame Bewertungskriterien festgelegt werden konnten, um als Basis zur Überprüfung des Standards der Leistungsqualität der Erziehungshilfe angewandt zu werden.

3.3 Durchführung der empirischen Erhebung

Nachdem junge Menschen, Eltern/Sorgeberechtigte sowie Fachkräfte des Jugendamts bei Betreuungswechseln im Vorfeld der Untersuchung die standardisierten Teile beantwortet haben und es eine durchgängig positive Resonanz über das Verfahren sowie den Inhalt und den Stil des Forschungsinstruments gab, konnte nach diesem Pretest, das geplante Forschungsprojekt mit drei Monaten Verspätung, zum 1.6. 2000 beginnen.

Studentinnen der Universität in Bielefeld konnten als externe Interviewerinnen zur Durchführung der Interviews gewonnen werden, um so ein hohes Maß an Anonymität und Kontinuität zu gewährleisten. Die folgende Abbildung stellt den Forschungsabschnitt dar:

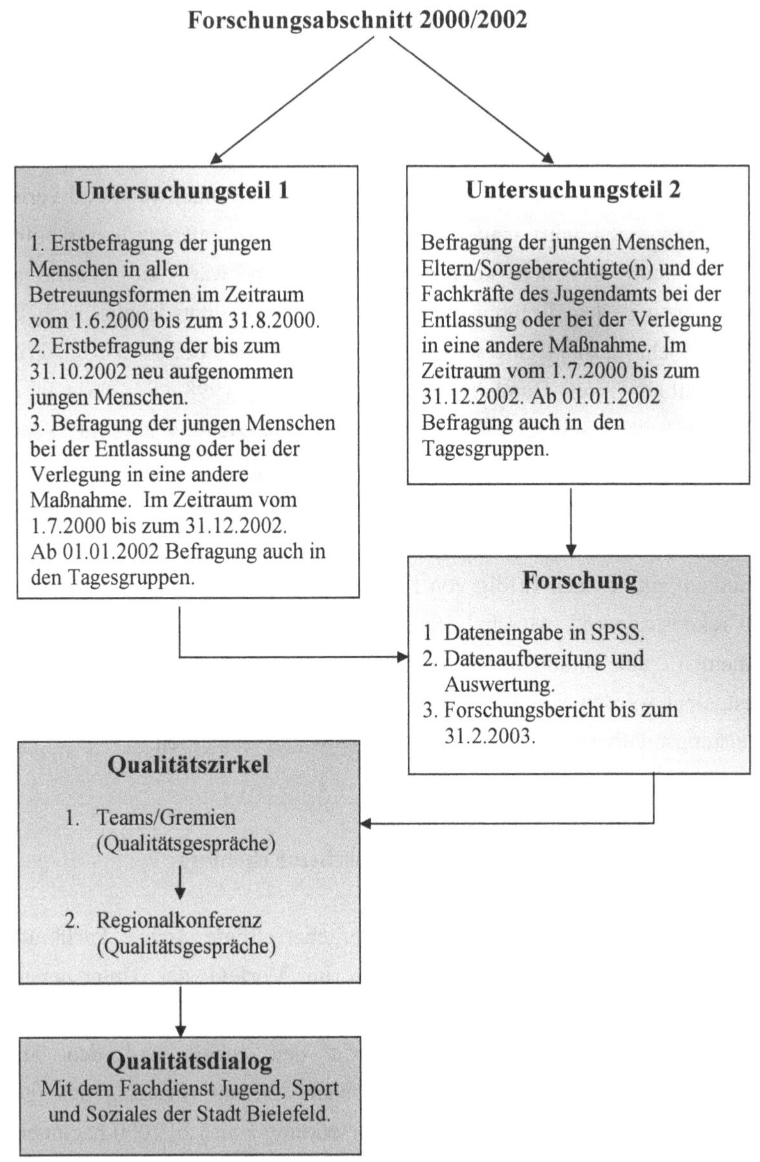

4 Ergebnisse der empirischen Untersuchung

4.1 Grunddaten der Untersuchungspopulation

In diesem Kapitel werden einige grundlegende sozialstatistische Daten über die Situation der jungen Menschen und die untersuchten Hilfeverläufe zusammengetragen, bevor in den folgenden Kapiteln die Auswertungsergebnisse der Interviews sowohl in der Gesamtheit, als auch bezogen auf die untersuchten Hilfeformen dargestellt werden. Um dem von Blandow u.a. bereits 1984 angemahnten „Desinteresse" an geschlechterspezifischen Analysen von Jugendhilfedaten entgegenzuwirken (Blandow u.a. 1986, S. 140), werden die Daten in einzelnen Untersuchungsbereichen nach Geschlechtern differenziert ausgewiesen. Zudem lassen sich so für diese Untersuchungsfelder spezifische Muster sowohl in der Wahrnehmung der Problemsituationen von Jungen und Mädchen, als auch in der Gewährung der Hilfen und in den Hilfeverläufen aufzeigen.

Die folgenden Ausführungen gliedern sich in vier Teilabschnitte. Im ersten Teil werden zunächst die Daten in bezug auf die jungen Menschen zusammengetragen und verglichen, daran schließt ein Kapitel mit grundlegenden Daten über die Gesamtheit der untersuchten Hilfeangebote an; im dritten Teil wird die fachlich geplante Beteiligung der AdressatInnen reflektiert. Im vierten Teil werden die Zusammenhänge zwischen den Entwicklungen der jungen Menschen und dem professionellen Handeln der Fachkräfte analysiert.

4.1.1 Die jungen Menschen

Die vorliegende Untersuchungspopulation setzt sich zu 27,3% aus Mädchen und zu 72,7% aus Jungen zusammen.

Tab.: Geschlechterverteilung

Geschlechterverteilung		
	Gesamt	
		%
weiblich	75	27,3
männlich	200	72,7
Total	275	100

In der vorliegenden Untersuchungspopulation ist der Anteil der Mädchen geringer. Es ist in allen Erhebungen sichtbar, dass Jungen häufiger in den untersuchten Hilfeformen betreut wurden als Mädchen. In der Analyse ihrer 1986 durchgeführten Erhebung kommen Blandow u. a. zu dem Schluss, dass „Mädchen eher der familiäre Aufwuchsplatz erhalten wird, sie eher familiär untergebracht werden und insgesamt die Eingriffe weniger gravierend sind“ (Blandow u.a. 1986, S. 149).

Tab. : Alter der jungen Menschen

Alter der jungen Menschen						
	Mädchen		Jungen		Gesamt	
		%		%		%
11- <15 J.	5	6,7	27	13,5	32	11,6
15- <18 J.	28	37,3	63	31,5	91	33,1
18- <21 J.	40	53,3	90	45,0	130	47,3
> 20 J.	2	2,7	20	10,0	22	8,0
Total	75	100	200	100	275	100

In der vorliegenden Untersuchungsstichprobe liegt der Schwerpunkt der Altersspanne zwischen 18-20 Jahren in 47,3% der Fälle, gefolgt von der Gruppe der 15-17 jährigen in 33,1% der Fälle. 11,6% der Fälle sind 11-14 Jahre und in

8,0% der Fälle über 20 Jahre. Die Untersuchungspopulation verzerrt sich etwas durch die Ausklammerung der Tagesgruppen bis zum 31.12.2001.

Tab. : Nationalität der jungen Menschen

Nationalität der jungen Menschen						
	Mädchen		Jungen		Gesamt	
		%		%		%
deutsch	65	90,3	171	91,0	236	90,8
nicht deutsch	7	9,7	17	9,0	24	9,2
nicht benannt	3		12		15	-
Total	75		200		275	100
						n = 260

Der Anteil nicht deutscher Kinder/Jugendlicher beträgt 9,2% an den untersuchten Hilfen.

Die Bundesstatistik verzeichnet 1994 einen Anteil junger Menschen aus Migrationsfamilien von 10,3%; JULE ermittelt einen Anteil von 23,6%. Hamburger/Müller/Porr machen in ihrer Stichprobe einen Anteil von 11,4% von MigrantInnen aus.

In dieser Stichprobe ist der Anteil nicht deutscher Kinder und Jugendlicher geringer. Im Fokus der geschlechterspezifischen Betrachtung unterscheiden sich die Anteile nicht deutscher Kinder und Jugendlicher nur sehr geringfügig.

Tab. :Schulsituation der jungen Menschen während der untersuchten Hilfen

Schulsituation der jungen Menschen		
	Gesamt	
		%
Sonderschule	39	14,2
Hauptschule	25	9,1
Realschule	5	1,8
Fachoberschule	1	0,4
Gymnasium	10	3,6
Berufsschule	16	5,8
Sonderberufsschule	90	32,7
Gesamtschule	2	0,7
sonstiges	48	17,5
keine Angabe	39	14,2
Total	275	100

14,2% der jungen Menschen besuchen eine Sonderschule, 9,1% eine Hauptschule, 1,8% eine Realschule, 0,4% eine Fachoberschule, 3,6 % ein Gymnasium und 0,7% eine Gesamtschule. In 32,7% aller Fälle besuchen die jungen Menschen im Rahmen von Ausbildungssituationen eine Sonderberufsschule für Erziehungshilfen und in 5,8% eine Berufsschule. 17,5% der Fälle haben sich der Nennung sonstiges zugeordnet und sie besuchen weder eine Schule noch befinden sind sie in einem Ausbildungsverhältnis.

In dieser Untersuchungsstichprobe ist ein hoher Anteil der Schüler aus berufsbildenden Schulsystemen zu verzeichnen. Als Ursachen sind die internen Ausbildungsangebote der Einrichtung zu vermuten. Ein qualifizierter Schulabschluss und eine berufliche Ausbildung sind in der Bundesrepublik Deutschland zentrale Voraussetzungen sozialer Teilhabechancen. Sie entscheiden gewissermaßen, ob ein Einkommen erzielt werden kann, das jenseits eines Existenzminimums eine Teilhabe am gesellschaftlichen Leben ermöglichen kann. Somit steuert die genannte berufliche Situation der jungen

Menschen auf die Verbesserung der gravierenden Bildungsbenachteiligung in der Erziehungshilfe hin.

Tab. : Familien- /Lebenssituation vor Beginn der untersuchten Hilfe

Familien-/ Lebenssituation vor Beginn der Hilfe						
	Mädchen		Jungen		Gesamt	
		%		%		%
vollständige Ursprungsfamilie	16	22,2	46	24,7	62	24,0
ein Elternteil	15	20,8	36	19,3	51	19,8
ein Elternteil mit neuem Lebenspartner	13	18,1	21	11,4	34	13,2
Großeltern	1	1,4	3	1,6	4	1,6
andere Jugend-hilfeeinrichtung	12	16,7	35	18,8	47	18,2
psychiatrische Einrichtung	-	-	2	1,1	2	0,8
ständig wechselnde Lebenssituationen	4	5,5	9	4,9	13	5,0
Pflege-/Adoptivfamilie	2	2,8	4	2,1	6	2,3
andere Wohnform unserer Einrichtung	1	1,4	1	0,5	2	0,8
sonstiges	8	11,1	29	15,6	37	14,3
Total	72	100	186	100	258	100
						n= 258

Auffällig an der vorliegenden Untersuchungspopulation ist der verhältnismäßig hohe Anteil von jungen Menschen die direkt aus dem nicht Elternhaus kommen. In 24,0% aller Fälle kommen die jungen Menschen aus der vollständigen Ursprungsfamilie. In 19,8% der Fälle kommen sie aus dem Elternhaus mit einem Elternteil. 13,2% der jungen Menschen geben an, aus einem Elternhaus mit einem dauerhaft neuen Lebenspartner eines der Elternteile zu kommen. Bei den Großeltern haben 1,6% gelebt und 18,2% geben an, aus einer anderen Jugendhilfeeinrichtung, 0,8% aus einer psychiatrischen Einrichtung, 2,3% aus der Pflege- oder Adoptivfamilie, 0,8% aus einer anderen Wohnform unserer Einrichtung und 5,0% aus ständig wechselnden Familien-Lebenssituationen zu kommen. In 14,3% aller Fälle haben sich unter sonstiges eingeordnet. Im geschlechterspezifischen Unterschied ist nachzuweisen, dass ein verhältnismäßig größerer Anteil der Mädchen aus Familiensituationen mit neuen Lebenspartnern der Eltern oder aus Trennungsfamilien in der Einrichtung betreut wird.

4.1.2 Die Hilfeangebote

Tab. : Verteilung in den einzelnen Betreuungsformen

Verteilung in den Betreuungsformen						
	Mädchen		Jungen		Gesamt	
		%		%		%
Regelgruppe IWG	-*	-*	30	15,0	30	10,9
Regelgruppe AWG	-*	-*	29	14,6	29	10,6
Intensivgruppe	-*	-*	14	7,0	14	5,1
Intensivwohngruppe	-*	-*	20	10,1	20	7,3
Wochengruppe	2	2,7	24	12,1	26	9,5
WGV Bielefeld	34	45,3	30	15,1	64	23,4
Betreutes Wohnen	21	28,0	32	16,1	53	19,3
Mobile Betreuung	14	18,7	18	9,0	32	11,7
Tagesgruppe**	4	5,3	1	0,5	5	1,8
Flexible Betreuung**	-	-	1	0,5	1	0,4
Total	75	100	199	100	274	100
						n= 274

*konzeptionell gibt es in diesen Bereichen keine Mädchenplätze

**Erhebungszeitraum ab dem 01.01.2002. In die weitere Analyse fließt nur ein Interview aus der Tagesgruppe.

Der Anteil der jungen Menschen in den einzelnen untersuchten Betreuungsformen beträgt 10,9% in den Regelgruppe IWG sowie 10,6% in der AWG Fichtenweg, 5,1% in der Intensivgruppe, 9,5% in der Wochengruppe, 7,3 % in den Intensivwohngruppen, 23,4% in dem Wohngemeinschaftenverbund Bielefeld, 19,3% im Betreuten Wohnen und 11,7% in der Mobilen Betreuung. In dem Erhebungszeitraum, ab dem 01.01.2002, beträgt der Anteil der jungen Menschen in der Tagesgruppe 1,8% und in der Flexiblen Betreuung 0,4%.

Die Bereiche Regelgruppen, AWG Fichtenweg, Intensivgruppe, Wochengruppe und Intensivwohngruppe sind als stationärer Bereich zusammen zu fassen und somit befinden sich 43,4% der jungen Menschen in den untersuchten Hilfeangeboten im stationären Heimaufenthalt. Die Bündelung der Bereiche Wohngemeinschaftenverbund Bielefeld, Betreutes Wohnen, Flexible Betreuung und Mobile Betreuung ergibt eine Quote von 54,8% jungen Menschen in sonstigen Betreuten Wohnformen.

In der Bundesstatistik schließen 9,7% der Hilfen mit einer Betreuung in der Tagesgruppe ab, 85% mit einem stationären Heimaufenthalt und 5,3% der Hilfen werden mit dem Betreuten Jugendwohnen beendet.

Im Vergleich zur Bundesstatistik ergibt sich durch die Ausklammerung der Tagesgruppen, bis zum 01.01.2002, und durch die konzeptionell nicht angebotenen Mädchenplätze in den Bereichen Innenwohngruppe, Intensivgruppe und Intensivwohngruppen eine andere Untersuchungspopulation.

4.2 Die Bewertung der Hilfeverläufe

4.2.1 Die individuellen Entwicklungen der jungen Menschen

Im einrichtungsinternen Diskurs wurden für die Bewertungen der Hilfeverläufe die Indikatoren zur Überprüfung der Struktur-, Prozess- und Ergebnisqualität festgelegt. Die hieraus resultierenden Bilanzierungsergebnisse müssen vor dem Hintergrund der im vorherigen Kapitel ausgeführten zentralen Grunddaten der Untersuchungspopulation betrachtet werden. Aufgrund des explorativen

Charakters der Studie und der damit verbundenen geringen Fallzahl kann die Erhebung nur erste Hinweise geben. Dieser explorative Ansatz verfolgt das Ziel Indikatoren zu überprüfen, die durch ein komplexes Untersuchungsdesign in einer späteren Analyse angewendet werden. In die Bewertung der Hilfeverläufe fließen aus dem 1. Untersuchungsteil 148 Erstbefragungen der jungen Menschen und aus dem 2. Untersuchungsteil 111 Befragungen der jungen Menschen, 32 Befragungen der Eltern/Sorgeberechtigten sowie 57 Befragungen der Fachkräfte der Jugendämter ein. Dieses ergibt einerseits eine untersuchte Teilgruppe von 97% der Jugendlichen in der Einrichtung und andererseits eine untersuchte Teilgruppe von 85,6% der Jugendlichen bei Beendigungen oder Verlegungen während des Forschungsabschnittes. In den 2. Untersuchungsteil fließen 85,6% der Interviews der jungen Menschen, 51,4% als untersuchte Teilgruppe der Fachkräfte des Jugendamtes und 28,8% als untersuchte Teilgruppe der Eltern/Sorgeberechtigten ein.

Es gibt neben diesen eine nicht zu vernachlässigende Zahl an Fällen, in denen Zusammenhänge kaum sinnvoll interpretiert werden können. Zum anderen gibt es Fälle, in denen die Bereitschaft der Adressaten zur Beteiligung an der vorliegenden Evaluationsstudie nicht vorhanden war. Es gibt aber auch eine Gruppe von jungen Menschen, deren Hilfe am Ende scheitert und die sich in Konfliktsituationen dem Qualitätsprozess der Einrichtung nicht stellen. Darüber können in diesem Zusammenhang keine Aussagen gemacht werden. In mehreren Fällen wurden die Jugendlichen nach den §§ 39 oder 40 BSHG untergebracht, somit zeichneten sich nicht die Fachkräfte des Jugendamtes, sondern die SachbearbeiterInnen der überregionalen Sozialhilfeträger fallverantwortlich. Durch die nicht bewertbaren Fälle bleibt eine gewisse Unschärfe in den Aussagen erhalten und somit müssen die Ergebnisse vor diesem Hintergrund ihrer tendenziellen Aussage interpretiert und gewertet werden.

4.2.1.1 Modifizierung der Antwortkategorie zur Ergebnisqualität

In der Bewertung der Entwicklung der jungen Menschen, sind die hier vorliegenden Ergebnisse in den Bewertungskriterien „stimme völlig zu“ und

„stimme eher zu“ zu positiven Nennungen zusammengefasst worden, wobei die Kategorien „stimme eher nicht zu“ und „stimme gar nicht zu“ in der Kategorie zu negativen Nennungen gebündelt worden sind.

Tab. : Entwicklungen der jungen Menschen

Entwicklung der jungen Menschen				
Während der Betreuung	ja	nein	trifft für mich nicht zu	Gesamt
...wurde ich selbstständiger in der Schule/ bei der Arbeit	26	7	2	35
...wurde ich selbstständiger im Umgang mit Geld	25	6	4	35
...wurde ich selbstständiger in lebenspraktischen Fähigkeiten	27	7	1	35
...wurde ich selbstständiger im Umgang mit Menschen	25	9	1	35
...bin ich weniger mit dem Gesetz in Konflikt geraten	16	6	13	35
...habe ich einen Schul-/ Ausbildungsabschluss erworben	20	7	8	35
Addition	139	42	29	210
%	66,2	20,0	13,8	100

In 66,2% aller Nennungen skizzieren die jungen Menschen eine positive Entwicklung im vorgehaltenen Betreuungssetting. In 20,0% der Fälle wurde das Maß an Entwicklung als nicht ausreichend bewertet. 13,8% der jungen Menschen ordnen sich in der Kategorie “trifft für mich nicht zu“ ein.

4.2.1.2 Bilanzierte Entwicklungen der jungen Menschen

Entlang der unten aufgeführten Entwicklungsbereiche sind die Entwicklungen der jungen Menschen eingeschätzt im Einzelfall gebündelt und in einer

Gesamtbilanz dargestellt. In wie weit der einzelne junge Mensch von der Hilfe profitieren konnte spiegelt sich in der Bilanz wieder. So wurde für jeden einzelnen Hilfeverlauf in den definierten Entwicklungsbereichen (zentrale Themen, Persönlichkeit, Familie, Alltagsbewältigung, Rückführung in das Elternhaus oder Verselbständigung in eine eigene Wohnung und wahrgenommene Zufriedenheit der jungen Menschen sowie ihrer Eltern/Sorgeberechtigten und der Fachkräfte des Jugendamtes) versucht, den Nutzen für die AdressatInnen der Hilfe zu bestimmen. Eine Einschätzung über die Wirksamkeit der untersuchten erzieherischen Hilfen lassen alle Hilfeverläufe in der Summe betrachtet zu. Ob und wie die Einrichtung sowie ihre KooperationspartnerInnen auf die vorhandenen Fallkonstellationen und Problemlagen bezogen eine adäquate Hilfe anbieten konnten, darüber gibt die Gesamtbilanz der Entwicklungen der jungen Menschen für alle Hilfeverläufe in der Summe betrachtet Auskunft. Da dies nicht ohne Reduktion geht, sind die Ergebnisse, in denen sich Trends abzeichnen, als grobe Zusammenfassung zu lesen. Das Bewertungskriterium „stimme völlig zu" ist der Kategorie „positive Entwicklung", das Kriterium „stimme eher zu" der Kategorie „in Ansätzen positive Entwicklungen" sowie die Kategorien „stimme eher nicht zu" und „stimme gar nicht zu" sind der Kategorie „keine maßgebliche Veränderung" zugeordnet worden.

Tab. : Bilanzierte Entwicklungen der jungen Menschen

Bilanzierte Entwicklungen der jungen Menschen				
	weiblich	männlich	Total	%
positiv	41	84	125	59,2
in Ansätzen positiv	16	50	66	31,3
keine maßgebliche Veränderung	1	19	20	9,5
Bilanzierung nicht möglich	17	47	64	-
Total	75	200	275	100
				n = 211

In 59,2% der Hilfeverläufe zeigen sich durchweg positive Entwicklungen der jungen Menschen; mit der Bilanz „in Ansätzen positiv“ werden 31,3% der Hilfeverläufe bewertet. Für 9,5% der Fälle konnte für die jungen Menschen während der Hilfe „keine maßgebliche Veränderung“ in wichtigen Entwicklungsbereichen erzielt werden. In ihrem Ertrag für die AdressatInnen müssen 9,5% der Hilfeverläufe als eher nicht gelungen eingeschätzt werden. Betrachtet man die unterschiedlichen Ergebnisse geschlechterspezifisch, so ist zu konstatieren, dass Mädchen mehr von der angebotenen Hilfe profitieren. Die positive Bilanz der Entwicklung der Mädchen zeigt sich in fast allen abgefragten Bereichen. So entsteht der Eindruck, dass die in der Einrichtung angebotenen erzieherischen Hilfen für Mädchen wirksamer als für Jungen sind. Die Anfangsbedingungen bleiben kritisch zu hinterfragen. Inwieweit Mädchen zu Beginn der Hilfe genau so stark belastet sind wie Jungen oder wer häufiger körperliche und sexuelle Gewalterfahrungen erleben musste, bleibt hierbei offen.

Insgesamt erscheinen die untersuchten Hilfen in einem durchaus positiven Licht. Werden die „positiven“ und „in Ansätzen positiven“ Entwicklungen zu den eher gelungenen Hilfen zusammen gefasst und im Kontrast dazu die ohne maßgebliche Veränderungen zu den eher nicht gelungenen Hilfeverläufen, so zeigt sich, dass in 90,5% der Hilfeverläufe die Entwicklungsverläufe der jungen Menschen als positiv zu bewerten sind und so verläuft annähernd nur jeder zehnte Fall negativ.

4.2.1.3 Zusammenhänge zwischen den Entwicklungen der jungen Menschen und der Hilfedauer

Die Verknüpfung der tatsächlichen Entwicklungsmöglichkeiten der jungen Menschen mit der Dauer der Hilfe ist im Hinblick auf zentrale Einflussfaktoren für das Gelingen einer Hilfe von großer Bedeutung. Bei der Stichprobe der untersuchten Beendigung oder Veränderung der Hilfemaßnahme, wird als Differenzierung zwischen eher kürzeren Hilfeverläufen unter einem Jahr und den eher längeren über einem Jahr unterschieden.

Tab. : Zusammenhänge zwischen den Entwicklungen der jungen Menschen und der Hilfedauer

Entwicklungen der jungen Menschen	Erziehungshilfen unter einem Jahr		Erziehungshilfen länger als ein Jahr	
		%		%
positiv	8	20,5	33	45,8
in Ansätzen positiv	8	20,5	23	31,9
keine maßgebliche Veränderung	10	25,6	16	22,3
Bilanzierung nicht möglich	13	33,4	-	-
Total	39	100,0	72	100,0
				n = 98

Die Dauer der Hilfe hat einen gewichtigen Einfluss auf die Erfolgschancen einer Maßnahme. Betrachtet man in der Bilanzierung zunächst nur die Entwicklungen der jungen Menschen mit einer Hilfedauer unter einem Jahr, so deuten 33,4% der Hilfeverläufe auf keine Bilanzierung hin. In 25,6% der Fälle ergibt sich keine maßgebliche Veränderung. In 20,5% der Fälle wird ein in Ansätzen positiver Verlauf sowie in 20,5% ein positiver Entwicklungsverlauf attestiert. Bei Hilfeverläufen die dagegen über ein Jahr andauern, wird in 45,8% der Fälle ein positiver Entwicklungsverlauf bescheinigt und in 31,9% aller Fälle ein in Ansätzen positiver Entwicklungsverlauf bilanziert. Dagegen weisen 22,3% der Fälle auf keine maßgebliche Veränderung hin.

Dieser Befund bestätigt die These, dass die jungen Menschen eine gewisse Eingewöhnungszeit von einem halben bis zu einem Jahr benötigen, um sich auf die neue Situation einzulassen, damit ein kontinuierlicher Hilfe- und Erziehungsprozess betrieben werden kann. Für eine Einrichtung bedeutet das im Gegenzug, sie muss ausreichende zeitliche Ressourcen für eine reflektierte Hilfeplanung schaffen, geeignete Angebote vorhalten um Ziele formulieren zu können, die aus einem gemeinsamen Prozess gebildet werden müssen.

4.3 Das professionelle Handeln in der Einrichtung

In der Gesamtbilanz des fachlichen Handelns in der Einrichtung werden die betrachteten Standards (spezifische, individuelle Angebote, verlässliches und tragfähiges Betreuungssetting, fachlich reflektierte Beteiligung der AdressatInnen und fachlich geplante Beendigung) verdichtet und gebündelt dargestellt. Im Anschluss werden die einzelnen Standards differenziert bewertet, wobei hier bewusst auf eine geschlechterspezifische Betrachtung verzichtet wurde. Es konnten keine unterschiedlichen Handlungs- und Wahrnehmungsmuster, bezogen auf Jungen und Mädchen, anhand dieser allgemeinen Standards nachgewiesen werden.

Tab. : Professionelles Handeln der Jugendhilfeeinrichtung

Gesamtbilanz der untersuchten Hilfen		
		%
fachlich qualifiziertes Handeln	120	48,6
in Ansätzen fachlich qualifiziertes Handeln	70	28,3
kein fachlich qualifiziertes Handeln	57	23,1
Bilanzierung nicht möglich	28	-
Total	275	100,0
		n = 247

In 48,6% der Hilfeverläufe kann das Handeln der Jugendhilfeeinrichtung als „fachlich qualifiziert“ bewertet werden, in 28,3% der Fälle ist fachlich qualifiziertes Handeln nur in Ansätzen zu erkennen und in 23,1% weist das Handeln der Einrichtung in bezug auf die untersuchten Hilfeverläufe deutliche Mängel auf. In über ¾ der Fälle kann den MitarbeiterInnen der Jugendhilfeeinrichtung fachlich qualifiziertes Handeln in bezug auf den einzelnen Hilfeverlauf konstatiert werden.

4.3.1 Sensibilisierung der Kategorien zum Schutz der jungen Menschen

In der Bündelung der hier vorliegenden Ergebnisse sind die Bewertungskriterien „stimme völlig zu“ und „stimme eher zu“ zu den positiven Nennungen zusammengefasst worden, wobei die Kategorien „stimme eher nicht zu“ und „stimme gar nicht zu“ der Kategorie „mit dem vorgehaltenen Angebot der Einrichtung unzufrieden“ zugeordnet worden sind.
Tab.: Schutz der jungen Menschen

Schutz der jungen Menschen				
Beschützung	ja	nein	trifft für mich nicht zu	Gesamt
…vor Jugendlichen	33	18	19	70
…vor Besuchern	31	16	16	63
…vor Familienmitgliedern	39	8	16	63
…am Arbeitsplatz/ Schule	36	13	14	63
Total	139	55	65	259
%	53,7	21,2	25,1	100

In 53,7% aller Nennungen fühlen sich die jungen Menschen im vorhandnen Betreuungssetting beschützt. In 21,2% der Nennungen wurde das Maß an Beschützung als nicht ausreichend bewertet. 25,1% der jungen Menschen ordnen sich in der Kategorie “trifft für mich nicht zu“ ein. In der geschlechterspezifischen Betrachtung konnte kein abweichender Trend aufgezeigt werden. Die negativeren Ergebnisse zur Beschützung in den Kategorien “ …vor Jugendlichen“ und “…vor Besuchern“ bedürfen allerdings der weiteren Analyse.

4.3.2 Sensibilisierung unterschiedlicher Kategorien im Beschwerdemanagement

In der Bündelung der hier vorliegenden Ergebnisse sind die Bewertungskriterien „stimme völlig zu“ und „stimme eher zu“ zu den positiven Nennungen zusammengefasst worden, wobei die Kategorien „stimme eher nicht zu“ und „stimme gar nicht zu“ der Kategorie „mit dem vorgehaltenen Angebot der Einrichtung unzufrieden“ zugeordnet worden sind.

Tab.: Beschwerdemanagement

Beschwerdemanagement						
	weiblich		männlich			
	ja	nein	ja	nein	trifft für mich nicht zu	Gesamt
Ansprechpartner für Beschwerden war bekannt	18	3	34	4	11	70
Ich hatte das Gefühl mich ohne Nachteil beschweren zu können	17	4	26	14	10	71
Beschwerden wurden ernst genommen	16	4	37	9	5	71
Die zuständige Leitungsperson wurde bei Unstimmigkeiten eingeschaltet	9	4	18	18	14	63
Total	60	15	115	45	40	275
%	21,9	5,5	41,5	16,5	14,6	100
						n = 275

Die jungen Menschen bewerten in 63,4% aller Nennungen die abgefragten Kategorien im Beschwerdeverfahren positiv. In 22,0% aller Nennungen wurde diese Kategorie als nicht ausreichend bewertet. In 14,6% der Nennungen ordnen sich der jungen Menschen in der Kategorie "trifft für mich nicht zu" ein. Die negativeren Ergebnisse in den Kategorien " Ich hatte das Gefühl mich ohne Nachteil beschweren zu können" und "Die zuständige Leistungsperson wurde bei Unstimmigkeiten eingeschaltet" bedürfen allerdings der weiteren Analyse. In der geschlechterspezifischen Analyse bewerten die jungen Frauen alle abgefragten Kategorien des Beschwerdemanagements durchweg positiver.

4.3.3 Spezifische den Bedürfnissen angepasste Angebote

In der Bündelung der hier vorliegenden Ergebnisse sind die Bewertungskriterien „stimme völlig zu" und „stimme eher zu" zu den positiven Nennungen zusammengefasst worden, wobei die Kategorien „stimme eher nicht zu" und „stimme gar nicht zu" der Kategorie „mit dem vorgehaltenen Angebot der Einrichtung unzufrieden" zugeordnet worden sind.

Tab.: Spezifische den Bedürfnissen angepasste Angebote

Spezifische, individuelle Angebote		
		%
ja	186	75,3
nein	61	24,7
keine Aussage	28	-
Total	275	100,0
		n = 247

Hier fällt der hohe Anteil an positiven Nennungen auf, denn in 75,3% der Fälle sind spezifische, individuelle Angebote für die AdressatInnen der Hilfe benannt. Lediglich 24,7% der Befragten sind mit dem vorgehaltenen Angebot der Einrichtung unzufrieden. Dies deutet auf ein weitgespanntes Spektrum an individuellen Angeboten hin und verweist auf ein hohes Maß an Flexibilität und Ideenreichtum im Bezug auf individuelle Bedürfnisse der AdressatInnen. Es sind insbesondere individuelle Einzelbetreuung, kontinuierliche Bezugspersonenarbeit, Schule, Ausbildungsplätze, Elternarbeit und sehr gezielte Förderangebote zu vermuten.

4.3.4 Verlässliches, tragfähiges Betreuungssetting

In der Bewertung des verlässlichen und tragfähigen Betreuungssetting, sind die hier vorliegenden Ergebnisse in den Bewertungskriterien „stimme völlig zu" und „stimme eher zu" zu positiven Nennungen zusammengefasst worden, wobei die Kategorien „stimme eher nicht zu" und „stimme gar nicht zu" in der Kategorie „als Standard nicht ausreichend bewertet" gebündelt worden sind.

Tab.: Verlässliches, tragfähiges Betreuungssetting

Verlässliches, tragfähiges Betreuungssetting		
		%
ja	166	78,3
nein	46	21,7
keine Aussage	63	-
Total	275	100,0
		n = 212

In 78,3% aller Fälle kam im Bilanzierungsergebnis dieses Standards ein Hilfeangebot zustande, das für die jungen Menschen einen verlässlichen und tragfähigen Rahmen bot. In Bezug auf die jungen Menschen können Aspekte wie die sozialen Beziehungen, das Umfeld der Einrichtung, die Hilfearrangements, die Ausstattung der Einrichtung und das Handeln der PädagogInnen als hilfreich bewertet werden. In 21,7% der Fälle wurde dieser Standard als nicht ausreichend bewertet. Dieser negative Wert verweist auf die Hilfeverläufe hin, in denen es keine dauerhaften Bindungen zwischen den jungen Menschen und der Einrichtung gab und die negative Entwicklung der jungen Menschen nicht aufgehalten werden konnte. Um diese Ergebnisse genauer betrachten und interpretieren zu können, und um entsprechende Korrelationen zu den Eltern/Sorgeberechtigen und/oder den Fachkräften des Jugendamtes zu vermuten, bedarf es allerdings einer genaueren Betrachtung des Einzelfalls.

4.3.5 Fachlich geplante Beteiligung der AdressatInnen

Eine entscheidende Vorraussetzung für einen erfolgsversprechenden Hilfeverlauf ist die Beteiligung der AdressatInnen am Prozess der Hilfeplanung. Empirische Studien weisen jedoch auf Schwierigkeiten in der Umsetzungspraxis hin (vgl. Sander 1996). Bislang hat sich insbesondere die Mitwirkung von Mädchen als unbefriedigend erwiesen (vgl. Mau 1997; Wolff 1995). Das BMSFSJ resümierte 1998, dass die Beteiligung von Kindern und Jugendlichen in den Erziehungshilfen noch wenig entwickelt ist und die Beteiligungsmöglichkeiten eher bei Jugendlichen als bei Kindern vorliegen (BMSFSJ 1998, S. 261). Ob Beteiligung bzw. eine segmentierte Beteiligung stattfand oder nicht - wobei auch hier die Möglichkeit bedacht werden muss, dass stattgefundene Beteiligungsprozesse nicht in den Akten dokumentiert wurden - kann aus der Aktenanalyse des Forschungsprojektes JULE abgeleitet werden. Zur Qualität der Beteiligung, den Settings, der Ausgestaltung und dem Prozess lassen sich darin jedoch sehr wenige Aussagen finden.

4.3.5.1 Sensibilisierungen der Kategorien zur Beteiligung der jungen Menschen

In der Bewertung der Partizipation der jungen Menschen, sind die hier vorliegenden Ergebnisse in den Bewertungskriterien „stimme völlig zu“ und „stimme eher zu“ zu positiven Nennungen zusammengefasst worden, wobei die

Kategorien „stimme eher nicht zu“ und „stimme gar nicht zu“ in der Kategorie „als nein“ gebündelt worden sind.

Tab.: Sensibilisierte Kategorien zur Beteiligung junger Menschen

Partizipation der jungen Menschen				
Beteiligung bei	ja	nein	trifft für mich nicht zu	Gesamt
...der Gestaltung der Wohnung	37	16	9	62
...der Auswahl der Mitbewohner	19	26	18	63
...der Hilfeplanung	32	21	10	63
...der Auswahl der BezugsmitarbeiterInnen	34	19	10	63
...mich betreffenden Entscheidungen	52	9	10	71
...der Vereinbarung von Regeln	46	15	11	72
Total	220	106	68	394
%	56,4	25,9	17,7	100

In 56,4% aller Nennungen bewerten die jungen Menschen ihre Beteiligungsmöglichkeiten als positiv. In 25,9% der Nennungen wurde dieser Standard als nicht ausreichend bewertet. 17,7% der jungen Menschen ordnen sich in der Kategorie “trifft für mich nicht zu“ ein. Die negativeren Ergebnisse in den Kategorien “...der Auswahl der MitbewohnerInnen“, “...der Auswahl der BezugsmitarbeiterInnen“ und insbesondere “...der Hilfeplanung“ bedürfen allerdings der weiteren Analyse.

Mit Hilfe einer Kreuztabellenanalyse konnten über die theoretische Differenzierung (Indikatorenbildung im einrichtungsinternen Prozess) der Beteiligungschancen der Adressaten (junge Menschen, Eltern/Sorgeberechtigte und Fachkräfte des Jugendamtes) an der institutionellen Problembearbeitung drei Typen bereitgestellter Beteiligungsformen für jede Phase des Problembearbeitungsprozesses eruiert werden :

- Ein Typ I, der insbesondere von der Stufe der `Information` bis hin zur `Autonomie`, durch eine überdurchschnittlich hohe Beteiligung gekennzeichnet, Chancen der Mitwirkung an der institutionellen Problembearbeitung für sich reklamiert.
- Ein zweiter Typ, dessen Beteiligungschancen, vor allem im Bereich der `Quasi-Beteiligung`, durchschnittlich stark ausgeprägt zu ermitteln sind.
- Der dritte Typ bewertet den Aushandlungsprozess zwischen den Professionellen und Adressaten vorrangig als `Manipulation` der Bedürfnis- und Interessenlagen und sieht somit nur geringe Beteiligungschancen in dem institutionellen Produktionsprozess sozialer Dienstleistungen.

4.3.5.2 Beteiligungsmöglichkeiten Jugendlicher an Entscheidungsprozessen in der Einrichtung

Die im einrichtungsinternen Diskurs vereinbarten Standards der Beteiligungschancen junger Menschen am Hilfeverlauf, sind hier in unterschiedlichen Aspekten als Merkmale der Struktur- und Prozessqualität gebündelt dargestellt. Das Bewertungskriterium „stimme völlig zu“ ist der Kategorie `Beteiligung`, das Kriterium „stimme eher zu“ ist dem Typ II `Quasi-Beteiligung` und die Kriterien „stimme eher nicht zu“ sowie „stimme gar nicht zu“ dem Typ III `Nicht-Beteiligung zugeordnet worden.

Tab.: Beteiligungsmöglichkeiten Jugendlicher an Entscheidungsprozessen in der Einrichtung

Partizipation der jungen Menschen						
	Mädchen		Jungen		Gesamt	
		%		%		%
Typ I (Beteiligung)	14	6,4	61	27,7	75	34,1
Typ II (Quasi-Beteiligung)	34	15,4	64	29,1	98	44,5
Typ III (Nicht-Beteiligung)	5	2,3	42	19,1	47	21,4
Total	53	24,1	167	75,9	220	100
						n = 220

In 34,1% aller Fälle bewerten die jungen Menschen ihre Beteiligungschancen als sehr positiv und sie sind somit dem Typ I der \`Beteiligung\` zuzuordnen. 44,5% der untersuchten Fälle sind mit ihren Beteiligungschancen überwiegend zufrieden und sind im Typ II der \`Quasi-Beteiligung\` einzuordnen. Doch 21,4% der jungen Menschen reklamieren für sich nur geringe oder keine Beteiligungschancen und ordnen sich dem Typ III der \`Nicht-Beteiligung\` unter. In der geschlechterspezifischen Betrachtung bewerten die Mädchen ihre Beteiligungschancen durchweg positiver. Diese Aussagen werden jedoch durch konzeptionell nicht vorgehaltene Betreuungsangebote für Mädchen und junge Frauen in den Regelgruppen verzerrt. Die untersuchten Partizipationschancen der jugendlichen Adressaten in der Einrichtung können als nur unzureichend eingestuft werden. Nur etwas mehr als ein Drittel der Befragten gab an, dass ihnen ihrer Meinung nach Entscheidungs- und Revisionsmöglichkeiten in der einrichtungsinternen Problembearbeitung zur Verfügung standen.

Diese Ergebnisse gewannen weiter an Relevanz, nachdem überprüft wurde, ob die wahrgenommenen Beteiligungschancen der Adressaten einen Einfluss auf die Bewertung der erhaltenen Leistungen der Betreuung haben: Generell konnte nachgezeichnet werden, dass Jugendliche ihren Beteiligungschancen in der Einrichtung eine große Bedeutung beimessen.

Zudem zeigte sich, dass die Befragten die ihre Beteiligungschancen in allen Phasen des Problembearbeitungsprozesses als hoch einschätzen, die erhaltene Betreuungsleistung positiver bewerten, als diejenigen, die ihre Chancen zur Beteiligung am Problembearbeitungsprozess mittelmäßig oder nur gering einschätzen. Jugendliche, die nach ihren Angaben geringe Beteiligungschancen besaßen, bewerten die erhaltene Leistung negativer als alle anderen.

Tab. : Bewertungen der Leistungen der Einrichtung durch die jungen Menschen, differenziert nach ihren Beteiligungschancen

Bewertung der Leistungen				
	Typ I	Typ II	Typ III	Gesamt
sehr gut/ gut	27,3%	14,0%	4,3%	45,6%
befriedigend	4,3%	20,4%	2,1%	26,8%
ausreichend	1,1%	6,5%	6,0%	13,6%
mangelhaft/ ungenügend	2,1%	3,3%	8,6%	14,0%
	34,8%	44,2%	21,0%	100%

Wie diese empirischen Ergebnisse zeigen, ist Partizipation nicht nur im Sinne der festgestellten Diversifikation des Nachfragepotentials jugendlicher Adressaten von theoretischer Bedeutung. Partizipation ist nachweisbar ebenso ein subjektiver Wert und wichtiger Grund für die Zufriedenheit Jugendlicher mit den erhaltenen Leistungen in der Einrichtung (vgl. Flösser 1999).

4.3.5.3 Beteiligungsmöglichkeiten der Eltern/Sorgeberechtigten

Der im einrichtungsinternen Diskurs vereinbarte Standard der Beteiligungschancen der Eltern/Sorgeberechtigten am Hilfeverlauf, ist hier durch unterschiedliche Aspekte als Merkmale der Struktur- und Prozessqualität gebündelt dargestellt. Das Bewertungskriterium „stimme völlig zu“ ist der Kategorie `Beteiligung`, das Kriterium „stimme eher zu“ ist dem Typ II `Quasi-

Beteiligung` und die Kriterien „stimme eher nicht zu“ sowie „stimme gar nicht zu“ dem Typ III `Nicht-Beteiligung zugeordnet worden.

Tab.: Beteiligungsmöglichkeiten der Eltern/Sorgeberechtigten
an Entscheidungsprozessen in der Einrichtung

Partizipation der Eltern/ Sorgeberechtigten		
		%
Typ I (Beteiligung)	6	19,4
Typ II (Quasi-Beteiligung)	15	48,4
Typ III (Nicht-Beteiligung)	10	32,2
Total*	31	100
		n = 31

*Aufgrund des explorativen Charakters der Studie und der damit verbundenen geringen Fallzahl kann die Erhebung nur erste Hinweise geben.

In 19,4% aller Fälle bewerten die Eltern/Sorgeberechtigten ihre Beteiligungschancen als sehr positiv und sie sind somit dem Typ I der `Beteiligung` zuzuordnen. 48,4% der untersuchten Fälle sind mit ihren Beteiligungschancen überwiegend zufrieden und sind im Typ II der `Quasi-Beteiligung` einzuordnen. 32,3% der befragten Eltern/Sorgeberechtigten reklamiert für sich nur geringe oder keine Beteiligungschancen und ordnet sich dem Typ III der `Nicht-Beteiligung` unter.

Zusammenfassend ist festzustellen, dass in der gelingenden Heimerziehungspraxis Elternarbeit bzw. eine Zusammenarbeit und Auseinandersetzung mit den Erziehungsberechtigten als ein wesentlicher Bestandteil zu bezeichnen ist. Gleichwohl sind die Professionellen immer gefordert, aus dem eigenen Handlungskontext herauszutreten und zwischen den Bedürfnissen der jungen Menschen, den Erwartungen der Eltern und dem gleichzeitig gestellten Auftrag, als schwierigstes Unterfangen der Elternarbeit, eine geeignete und angemessenen Hilfe und Unterstützung zur Verfügung zu stellen. Dieser schwierigen Aufgabenstellung scheinen vielfach die strukturellen Bedingungen und persönlichen Möglichkeiten in den Einrichtungen und Jugendämtern, zum Gelingen einer qualifizierten

Elternarbeit nicht zu entsprechen.

Die Notwendigkeit und der Sinn der Elternarbeit wird in der fachlichen Auseinandersetzung allgemein akzeptiert und gesehen. Der Mensch kann nur im Kontext seiner Verhältnisse und Umstände gesehen werden in denen er lebt. Unter diesem Blickwinkel der Orientierung an der Lebenswelt bedeutet dies für Kinder, dass sie nur unter dem Geflecht aus Beziehungen und Interaktionen verstanden werden können, in dem sie leben, und die familialen Beziehungen sind ein Teil daran (vgl. Thiersch 1998, S. 23ff.).

Die enge Verbindung von gelingendem Hilfeverlauf und der Arbeit mit den Eltern zeigen auch die Ergebnisse der JULE Studie 1999. Die Beteiligung der Eltern muss über die generelle Planung der Hilfe hinausgehen.

4.3.5.4 Beteiligungsmöglichkeiten der Fachkräfte des Jugendamtes

Der im einrichtungsinternen Diskurs vereinbarte Standard der Beteiligungschancen der Fachkräfte des Jugendamtes am Hilfeverlauf, ist hier in unterschiedlichen Aspekten als Merkmal der Struktur- und Prozessqualität gebündelt dargestellt. Das Bewertungskriterium „stimme völlig zu“ ist der Kategorie `Beteiligung`, das Kriterium „stimme eher zu“ ist dem Typ II `Quasi-Beteiligung` und die Kriterien „stimme eher nicht zu“ sowie „stimme gar nicht zu“ dem Typ III `Nicht-Beteiligung zugeordnet worden.

Tab.: Beteiligungsmöglichkeiten der Fachkräfte des Jugendamtes
an Entscheidungsprozessen in der Einrichtung

Partizipation der Fachkräfte des Jugendamtes		
		%
Typ I (Beteiligung)	32	49,3
Typ II (Quasi-Beteiligung	27	41,5
Typ III (Nicht-Beteiligung	6	9,2
Total*	65	100
		n = 65

*Aufgrund des explorativen Charakters der Studie und der damit verbundenen geringen Fallzahl kann die Erhebung nur erste Hinweise geben.

In 49,3% aller Fälle bewerten die Fachkräfte des Jugendamtes ihre Beteiligungschancen als sehr positiv und sie sind somit dem Typ I der \`Beteiligung\` zuzuordnen. 41,5% der untersuchten Fälle sind mit ihren Beteiligungschancen überwiegend zufrieden und sind im Typ II der \`Quasi-Beteiligung\` einzuordnen. Der Typ III der \`Nicht-Beteiligung\`, in dem die Fachkräfte des Jugendamtes nur geringe oder keine Beteiligungschancen für sich reklamieren, konnte in 9,2% der Fälle nachgewiesen werden. Aus dem Forschungsabschnitt kann durch die geringe Anzahl der Fälle kein aussagekräftiger Trend skizziert werden. Ob und inwieweit die fehlenden Aussagen der Fachkräfte des Jugendamtes, als Nicht- Beteiligung zu bewerten sind muss hier unbeantwortet bleiben. In den anschließenden Forschungsabschnitten, kann diese Aussage weiter untersucht werden.

Die mit der Entwicklung einhergehende Ausdifferenzierung jugendlicher Problem- und Bedürfnislagen lässt sich immer weniger mit standardisierten Interventionsstrategien der Jugendhilfe bearbeiten bzw. erfassen. Die Bedrohung, dass die traditionellen professionellen Problemdeutungen und -bearbeitungen, ihre Nähe zu den Lebenswelten, Problemlagen und Situationsinterpretationen der Kinder, Jugendlichen und jungen Erwachsenen verlieren, wächst. "Wenn (...) keine \`stillschweigende Übereinkunft\` über erstrebenswerte Lebensstile mehr vorausgesetzt werden kann, so Thomas Olk und Hans-Uwe Otto, dann können von den Interaktionspartnern gemeinsam geteilte Interpretationen der in der Hilfebeziehung zu bearbeitenden Probleme und eingeschlagene Lösungswege nur noch durch Aushandlungsprozesse zustande kommen. Der Betroffene muss an der \`Ausdeutung\` seines Problems tendenziell gleichberechtigt beteiligt werden" (Olk/Otto 1981, S.110).

Um die Maxime der Beteiligung erfolgreich zu verwirklichen ist in den Verwaltungen der Träger öffentlicher Jugendhilfe ein struktureller Umdenkungsprozess erforderlich. Im Jugendamt/im Allgemeinen Sozialen Dienst benötigt Partizipation organisatorische Voraussetzungen mit dem Ziel, Verantwortung an die Stelle zu geben, an der die Arbeit tatsächlich geleistet wird. Bei den Produktbeschreibungen für die Jugendhilfe, insbesondere der Hilfen zur Erziehung, muss der Aspekt der Partizipation unmittelbar einfließen und als nicht wegzudenkender Faktor im Sinne einer Qualitätssicherung festgeschrieben werden.

Nun konnte mit Hilfe einer weiteren Kreuztabellenanalyse über die theoretische Differenzierung der Forschungsergebnisse des Beteiligungsprozesses der Adressaten im 2. Forschungsabschnitt, die subjektive Zufriedenheit junger Menschen in Korrelation zu den entsprechenden Ergebnissen ihrer Eltern/Sorgeberechtigten und/oder den entsprechenden Fachkräften des Jugendamtes mittels Einzelfallanalyse erhoben werden, um so folgende drei Typen der subjektiven Zufriedenheit ihrer Beteiligung an der institutionellen Problembearbeitung zu ermitteln:

- Ein Typ A, in dem Jugendliche, in Korrelation zu den Fachkräften des Jugendamtes und/oder den Eltern/Sorgeberechtigten in der Einzelfallanalyse, ein hohes Maß an Zufriedenheit über ihre Beteiligungschancen an der institutionellen Problembearbeitung für sich reklamieren.
- Im Typ B sind Jugendliche, in Korrelation zu den Fachkräften des Jugendamtes und/oder den Eltern/Sorgeberechtigten in der Einzelfallanalyse, durch ein durchschnittliches Maß an Zufriedenheit vor allem im Bereich der `Quasi-Beteiligung` zu ermitteln.
- Der Typ C bewertet nur eine geringe Zufriedenheit der Jugendlichen, in Korrelation zu den Fachkräften des Jugendamtes und/oder den Eltern/Sorgeberechtigten in der Einzelfallanalyse und sieht somit nur geringe Beteiligungschancen in dem institutionellen Produktionsprozess sozialer Dienstleistungen.

Tab.17: Summative Zusammenschau bilanzierter Zufriedenheit der AdressatInnenbeteiligung

Bilanzierung der Zufriedenheit der AdressatInnenbeteiligung		
		%
Typ A (Beteiligung)	19	29,2
Typ B (Quasi-Beteiligung)	42	64,6
Typ C (Nicht-Beteiligung)	4	6,2
Total*	65	100

*Aufgrund des explorativen Charakters der Studie und der damit verbundenen geringen Fallzahl kann die Erhebung nur erste Hinweise geben.

In 29,2% aller Fälle bewerten die AdressatInnen ihre Beteiligungschancen als sehr positiv und sie sind somit dem Typ A der `Beteiligung` zuzuordnen. 64,6% der untersuchten Fälle sind mit ihren Beteiligungschancen überwiegend zufrieden und sind im Typ B der `Quasi-Beteiligung` einzuordnen. Doch 6,2% der AdressatInnen reklamieren für sich nur geringe oder keine Beteiligungschancen und ordnen sich dem Typ `Nicht- Beteiligung` unter.

4.4 Zusammenhänge zwischen den Entwicklungen der jungen Menschen und dem professionellen Handeln der Fachkräfte

Diese Ergebnisse gewinnen weiter an Relevanz, nachdem überprüft wird, ob die wahrgenommene Zufriedenheit der Adressaten einen Einfluss auf die Bewertung der erhaltenen Jugendhilfeleistungen und somit in Korrelation zu einer erfolgreichen Maßnahme steht. Die Hilfeverläufe mit durchweg positiven Entwicklungen der jungen Menschen sowie mit der Bilanz „in Ansätzen positiv“ werden zu erfolgreichen Maßnahmen zusammengefasst. Die Fälle in denen für die jungen Menschen während der Hilfe „keine maßgebliche Veränderung“ in wichtigen Entwicklungsbereichen erzielt und die Fälle in denen der Ertrag für die AdressatInnen als eher nicht gelungen eingeschätzt wird, werden zu eher nicht gelungenen Maßnahmen gebündelt.

Tab.: Bilanzierte Zufriedenheit in Korrelation zu erfolgreichen Maßnahmen

Entwicklungen d jungen Mensche	Bilanzierung der Zufriedenheit der AdressatInnenbeteiligung					
	Typ A	%	Typ B	%	Typ C	%
erfolgreiche Maßnahme	14	21,9	39	61,1	1	1,6
eher nicht gelungene Maßnahme	-	-	5	7,7	5	7,7
Total*	14	21,9	44	68,8	6	9,3
						n = 64

*Aufgrund des explorativen Charakters der Studie und der damit verbundenen geringen Fallzahl kann die Erhebung nur erste Hinweise geben.

Generell konnte erst einmal nachgezeichnet werden, dass die AdressatInnen ihren Beteiligungschancen im Hilfeverlauf große Bedeutung beimessen. Zudem zeigt sich, dass die Befragten die ihre Beteiligungschancen in allen Phasen des Problembearbeitungsprozesses hoch einschätzen, den Erfolg der Maßnahme positiver bewerten, als diejenigen AdressatInnen die ihre Beteiligungschancen als nur mittelmäßig oder gering beurteilen. AdressatInnen, die ihren Angaben nach nur geringe Beteiligungschancen besaßen, bewerten den Erfolg der Maßnahmen negativer als alle anderen.

Das Partizipation nicht nur im Sinne der festgestellten Diversifikation des Nachfragepotentials der AdressatInnen von theoretischer Bedeutung ist, zeigen die empirischen Ergebnisse und somit ist Partizipation nachweisbar ein subjektiver Wert und wichtiger Grund für die Zufriedenheit der jungen Menschen, der Eltern/Sorgeberechtigten und der Fachkräfte des Jugendamtes mit den erhaltenden Jugendhilfeleistungen und steht in Korrelation zu erfolgreichen Hilfeverläufen/Maßnahmen.

4.4.1 Fachlich geplante Beendigung/Verlegung

Übergänge aus einer Hilfe zurück in die Familie oder in die Selbstständigkeit sind ein wichtiger Einschnitt in den Lebensverläufen der jungen Menschen. Auf den Stellenwert der Planung und Beendigung einer Hilfe und auf den vielfältigen Handlungsbedarf verweisen nicht nur im Bezug auf schwierige und dynamische Hilfeverläufe eine Anzahl von Veröffentlichungen (vgl. Schwabe 1996b; Thimm 1995; Ginzel und Schone 1990; Freigang 1986). Vor diesem Hintergrund müssen Maßnahmen zur Vorbereitung solcher Übergänge, die den Neuanfang der jungen Menschen nach der Zeit im Heim unterstützen sollen, in Zusammenarbeit zwischen Jugendhilfeeinrichtung und Jugendamt in der abschließenden Hilfeplanung gut gestaltet werden. Es müssen Angebote aufgezeigt werden, die es dem jungen Menschen ermöglichen, sich in Schwierigkeiten unterstützt zu sehen und kompetente AnsprechpartnerInnen zu finden. Zwischen der Einrichtung, den jungen Menschen und auch den Eltern/Sorgeberechtigten zeichnen sich oftmals in der Interaktion während des Hilfeverlaufs belastende Dynamiken ab, die am Ende zu eskalieren drohen. So kommen diese Aspekte zu einer fachlich zu beendenden Maßnahme erschwerend dazu. Daraus entwickeln sich unter Umständen krisenhafte und verwickelte Verläufe, aus denen eventuell einer der Beteiligten "aussteigt" und die Kooperation sich somit aufkündigt. Durch eine planvolle und reflektierte Gestaltung von Übergängen und durch die schrittweise Vorbereitung auf die weiteren Lebenszusammenhänge der jungen Menschen wird eine erfolgreiche Maßnahme weiter ausgestaltet.

Tab. : Fachlich geplante Beendigung/ Verlegung

Fachlich geplante Beendigung/ Verlegung		
		%
ja	89	86,4
nein	14	13,6
keine Aussage	8	100,0
Total	111	
		n = 103

Eine fachlich geplante und reflektierte Beendigung der Hilfe oder Verlegung in eine andere Maßnahme kann in 86,4% der untersuchten Fälle bilanziert werden. In 13,6% der untersuchten Fälle kommt keine fachlich geplante und reflektierte Beendigung der Maßnahme zustande. In acht Fällen konnte zur geplanten und reflektierten Beendigung keine Aussage getroffen werden.

Tab. : Gründe für die Verlegung/Beendigung

Gründe für die Verlegung/ Beendigung						
	Mädchen		Jungen		Gesamt	
		%		%		%
erfolgreich abgeschlossen	19	17,1	45	40,6	64	57,7
Überleitung in andere Hilfen	9	8,1	26	23,4	35	31,5
Beendigung durch junge Menschen	2	1,8	4	3,6	6	5,4
nicht benannt	1	0,9	5	4,5	6	5,4
Total	31	27,9	80	72,1	111	100
						n = 111

In 57,7% der Fälle gelten die Hilfeverläufe als erfolgreich abgeschlossen. In der gesamten Untersuchungspopulation beendigen oder verändern 5,4 % der jungen Menschen die angebotene Hilfe auf eigenen Wunsch. In 31,5 % der Fälle wird die Beendigung/Verlegung auf Veranlassung der Einrichtung oder der Fachkräfte des Jugendamtes vollzogen. In 5,4% aller Fälle lassen sich die Gründe nicht feststellen.

Ob es sich bei den benannten Phänomenen um professionelle selektive Wahrnehmungen oder Zuschreibungen handelt und was hier der Realität entspricht, lässt sich nicht abschließend klären. Einerseits sind es tatsächlich die jungen Menschen selbst, die die angebotenen Unterstützungsleistungen nicht mehr annehmen wollen. Andererseits wird deutlich, dass MitarbeiterInnen der Jugendhilfeeinrichtung und des Jugendamtes an ihre Grenzen stoßen und ihre

Zuständigkeit aufkündigen. Diese Aufkündigung verknüpft Hartwig 1990 für Mädchen mit der fehlenden Bearbeitung der sexuellen Gewalterfahrung: „Ihre Überlebensstrategien (der Mädchen mit sexuellen Gewalterfahrungen A. d. V.) werden ihnen zunehmend als individuelle Auffälligkeiten und fehlende Anpassung an die institutionellen Bedingungen im Heim zugeschrieben" (Hartwig 1990, S. 264).

Die Praxiserfahrungen der Erziehungshilfeeinrichtungen machen deutlich, dass es häufig bei dem Erreichen der Volljährigkeit zu einer Beendigung der Hilfe kommt. Für den „schwierigen" jungen Menschen oder den „problematischen" Jugendlichen haben sich bis dahin die Fachkräfte der Jugendhilfe verantwortlich gefühlt. Trotz der anders lautenden Intention des KJHG kommt es mit dem erreichen der Volljährigkeit zu vielen Entlassungen. Es werden aber weiterhin junge Menschen im Altersspektrum von 18-21 Jahren betreut und die Jugendhilfe schöpft hier die ihr zur Verfügung stehenden Möglichkeiten und Mittel weitestgehend aus.

Tab. 23: Wohnsituation der jungen Menschen im Anschluss an die Hilfe

Wohnsituation im Anschluss an die Hilfen						
	Mädchen		Jungen		Gesamt	
		%		%		%
eigene Wohnung	20	18,0	25	22,5	45	40,5
Eltern/ Sorgeberechtigte	-	-	11	9,9	11	9,9
andere Wohnform unserer Einrichtung	4	3,6	22	19,8	26	23,4
andere Einrichtung der Jugendhilfe	1	0,9	8	7,2	9	8,1
sonstiges	2	1,8	5	4,6	7	6,4
nicht benannt	4	3,6	9	8,1	13	11,7
Total	31	27,9	80	72,1	111	100
						n = 111

Die jungen Menschen kehren seltener in ihre Ursprungsfamilie zurück, sie haben in 40,5% der Fälle im Anschluss an die Hilfe eine eigene Wohnung. In 9,9% aller Fälle kehren sie in ihr Elternhaus zurück. In 23,4% der Fälle ziehen die jungen Menschen in andere Wohnform unserer Einrichtung. 8,1% der jungen Menschen wechseln in eine andere Jugendhilfeeinrichtung. In 18,1% der Fälle ist eine Analyse der Wohnsituation nicht möglich. In der geschlechterspezifischen Betrachtung zeichnet sich ab, dass nach der Beendigung der Maßnahme oder dem Wechsel der Betreuungssituation signifikant mehr junge Frauen in einer eigenen Wohnung leben und in keinem der betrachteten Fälle in ihre Ursprungsfamilie zurückkehren.

4.4.2 Fachliches Handeln und die Entwicklung der jungen Menschen

Während der Hilfe werden die Entwicklungen der jungen Menschen maßgeblich durch das Handeln der Einrichtung beeinflusst. Die folgende Tabelle, in der die verschiedenen Aspekte fachlichen Handelns stark verdichtet sind, zeigt inwieweit die verschiedenen Aspekte Auswirkungen auf den Erfolg der Hilfe haben. Die Aussagen der zwei Untersuchungsteile sind gebündelt dargestellt. Die Verdichtungen wurden folgendermaßen vorgenommen: Fachliches Handeln bedeutet, dass sowohl die jungen Menschen wie auch die Fachkräfte des Jugendamtes und/oder die Eltern/Sorgeberechtigten in der summativen Zusammenschau die einzelnen fachlichen Standards als eingehalten bewerten. Bei unterschiedlicher Bewertung der Einhaltung der Standards wurde der Fall zur schlechteren Bilanzierungskategorie zugeordnet. Die positiven Entwicklungen und die in Ansätzen positiven Entwicklungen wurden positiven Entwicklungen zugeordnet. Zu negativer Entwicklung wurden die beiden Kategorien keine maßgebliche Veränderung und keine Bilanzierung möglich zusammengefasst.

Tab. 24: Fachliches Handeln und die Entwicklungen der jungen Menschen

Fachliches Handeln	Die Entwicklungen der jungen Menschen					
	positive Entwicklung	%	negative Entwicklung	%	Ges	%
fachlich qualifiziertes Handeln	46	41,4	2	1,8	48	43,2
in Ansätzen fachlich qualifiziertes Handeln	29	26,2	7	6,3	36	32,5
kein fachlich qualifiziertes Handeln	7	6,3	9	8,1	16	14,4
Bilanzierung nicht möglich	3	2,7	8	7,2	11	9,9
Total	85	76,6	26	23,4	111	100

Werden die Standards fachlichen Handelns in der Einrichtung eingehalten, gelingen 41,4% der Hilfeverläufe. Werden die fachlichen Standards nur in Ansätzen eingehalten gelingen nur noch 26,2% der Hilfeverläufe. Werden die fachlichen Standards nicht eingehalten verlaufen nur noch 6,3% an Hilfen mit positiver Entwicklung. Die Chance auf einen gelingenden Hilfeverlauf wird durch die Einhaltung der fachlichen Standards signifikant erhöht.

5 Zusammenfassung

Im Bereich der erzieherischen Hilfen findet in den letzten Jahren eine breite Diskussion um Beteiligung der jungen Menschen als Qualitätsmerkmal und „Modernisierungsinstrument einer an Effektivitäts- und Legitimationsgrenzenden Jugendhilfe“ (Trede 1998, S. 324; Fitz-Winter/Späth 1996) statt. Dabei darf der Abbau sozialstaatlicher Ansprüche und damit der Abbau von Ressourcen nicht außer Acht gelassen werden. Darin begründen sich das Verhältnis von Rechten und Ressourcen und damit die Frage danach, inwieweit der Abbau von Ressourcen auch einen Abbau von Rechten der Leistungsberechtigten mit sich bringt (vgl. Struck 1998).

Im Rahmen der Hilfeplanung sind für die Realisierung der Interessen und Ansprüche junger Menschen Verfahren notwendig, die einen hohen Anspruch an die soziale, fachliche und kommunikative Kompetenz, an die Reflexionsbereitschaft, sowie an die Bereitschaft sich einzulassen, aller Beteiligten stellen. Als Grundlage dieser Aushandlungsprozesse und Ausgangspunkt von Beteiligung ist das professionelle Verstehen von Lebenslagen und Lebensäußerungen der jungen Menschen anzusehen.

Es ist danach zu fragen, wie unterlegene Positionen im Aushandlungsprozess unterstützt und gestärkt werden können. Aushandlungsprozesse bergen Interessengegensätze, Konflikte und Machtverhältnisse in sich und sind nicht immer nur harmonische Veranstaltungen. Es gilt den formalisierten, institutionellen Verfahren, die es den jungen Menschen ermöglichen, sich auf ihre Rechte zu berufen, zu widersprechen und sich zu beschweren zu verbessern. Wie Beschwerdeverfahren zu einem selbstverständlichen Bestandteil jeder Einrichtung und zugleich zu einem wichtigen Instrument der Qualitätssicherung werden, kann aus anderen Ländern wie den Niederlanden und England gelernt werden, denn dort können Mädchen und Jungen sich systematisch über ihre Rechte informieren. Eine jugendgerechte Textfassung des Jugendhilfegesetzes wäre schon als ein erster Schritt zu bezeichnen (vgl. Hansen 1999).

Der Zusammenhang von Zielen, Mitteln und Resultaten kann in

der Erziehung nicht zweifelsfrei hergestellt werden und somit ist die Frage, was erzieherische Hilfen leisten können, in welcher Form Kinder und Jugendliche von ihnen profitieren, nur schwer eindeutig zu beantworten. Wie die Entwicklung der jungen Menschen ohne erzieherische Hilfen verlaufen wäre, welche Einflüsse das sichtbare Resultat hervorgebracht haben und welchen Anteil die pädagogische Intervention hat, unterliegt der Kontingenz und kann ebenso wenig abschließend gesagt werden. Förderliche oder Hinderliche Bedingungen und Einflüsse für einen positiven Verlauf können aber durch Evaluation, bezogen auf den Einzelfall, in der Summierung aber auch verallgemeinert und mit dem Anspruch auf Repräsentativität, erkannt und aufgezeigt werden (vgl. BMFSFJ 1998; Schriftenreihe 170).

Durch das vorliegende Forschungsdesign lässt sich der Erfolg für die jungen Menschen in nur sehr allgemeine Kategorien fassen. Die Aussagen über fachliches Handeln der MitarbeiterInnen der Einrichtung und des Jugendamtes kann nur anhand Minimalstandards erfolgen, in denen die individuelle Ausgestaltung des Standards im Einzelfall nicht mehr erkennbar sein kann. Wichtig bleiben die aus ihnen resultierenden Ergebnisse trotz allem, obwohl in der Gesamtschau die Aussagekraft dieser Kriterien und Standards eingeschränkt ist.

Die untersuchten erzieherischen Hilfen sind in ihrem Ertrag für die AdressatInnen der Hilfe als sehr positiv zu bewerten. In 91,4% der Fälle stufen die jungen Menschen, in 67,9% der Fälle die Eltern/Sorgeberechtigten und in 84,8% die Fachkräfte des Jugendamtes die erbrachten Hilfeleistungen als förderlich ein. Die Zukunftschancen der jungen Menschen verbessern sich ebenso wie ihre Schwierigkeiten und Lebenssituation. Der verbleibende Rest zeigt innerhalb der untersuchten Hilfeformen die Grenzen der erzieherischen Hilfen auf. Teilweise verschlechtert sich die Situation der jungen Menschen und sie können somit von der angebotenen Hilfe nicht profitieren.

Die unterschiedlichen Aspekte des fachlichen Handelns bilden deutlich die Wichtigkeit und die Bedeutung der Struktur- und Prozessqualität ab. In einem Resümee zusammengefasst weisen die Ergebnisse darauf hin, dass sich fachliches Handeln auf der Grundlage der hier definierten Standards auszahlt. Zum einen gibt es neben diesen "eindeutigen" Hilfeverläufen eine nicht zu vernachlässigende Zahl an Fällen, in denen Zusammenhänge kaum sinnvoll interpretiert werden können. Zum anderen gibt es Fälle, in denen die Bereitschaft der Adressaten zur Beteiligung an der vorliegenden Evaluationsstudie nicht vorhanden war. Es gibt aber auch eine Gruppe von jungen Menschen, deren Hilfe am Ende scheitert oder die Bilanzierung keine positiven Veränderungen bringt, obwohl die wesentlichen Standards in der Einrichtung eingehalten wurden. Ob eine andere Hilfe ein im Einzelfall adäquateres Setting geboten hätte oder mehr Unterstützung hätte bereitstellen können, darüber können in diesem Zusammenhang keine Aussagen gemacht werden. Es gibt junge Menschen die auch unter schwierigsten Umständen in der Einrichtung verbleiben und es gibt junge Menschen die sich der pädagogischen Einflussnahme entziehen. Ob und inwieweit sich diese Ergebnisse durch den Evaluationsprozess der Einrichtung verändert oder verbessert darstellen, muss hier ebenso unbeantwortet bleiben, wie die zukünftig erwarteten Chancen der Verbesserung der Struktur-, Prozess- und Ergebnisqualität - initiiert durch den vereinbarten Qualitätsdialog mit dem öffentlichen Träger - der sozialen Dienstleistungsproduktion.

Diese Aussagen sollen nicht das zentrale Ergebnis verfälschen: Wenn in der Einrichtung und bei den beteiligten Kooperationspartnern grundlegende Standards, wie sie im Kinder- und Jugendhilfegesetz als rechtliche Rahmenbedingungen und nach den Maximen einer lebensfeldorientierten Jugendhilfe formuliert sind, eingehalten werden, dann steigen die Chancen für das Gelingen einer Hilfe an. Auch wenn es kein Garant für das Gelingen einer Hilfe sein kann, zahlt sich fachliches Handeln permanent aus (vgl. zentrale Ergebnisse der Aktenanalyse des Projektes „Jugendhilfe Leistungen“ 1998).

Im Hinblick auf die hier vorliegenden Ergebnisse sollte die im Zeichen der drängenden Sparpolitik aufgeworfene Diskussion um eine Reduzierung der Jugendhilfeleistungen zur Kosteneinsparung in einem anderen Licht geführt werden. Die Frage nach dem Nachweis der Leistungen und der damit verbundenen Kosten ist zwar notwendig, sie muss aber in Korrelation zu dem konkreten Nutzen für die Adressaten der Hilfe gestellt werden. Professionelles sozialpädagogisches Handeln hat seinen Preis und zahlt sich aus, es darf sich somit nicht nur auf rein wirtschaftliche Diskussionen reduzieren lassen.

Liegt der Fokus der Betrachtung im Mikrokosmos der sozialen

Arbeit, so bilden die unterschiedlichsten Aspekte fachlichen Handelns die Wichtigkeit und die Bedeutung des funktionierenden Qualitätsmanagements in Einrichtungen und Diensten der sozialen Arbeit ab. Die zusammengefassten Ergebnisse weisen darauf hin, dass sich fachliches Handeln auf der Grundlage der hier definierten Standards auszahlt. Diese inhaltlichen Zusammenhänge gilt es im Kontext fachlicher Diskurse, Ergebnissen anderer Studien und Erfahrungswerten aus der Praxis auf ihre Tragfähigkeit hin zu interpretieren und zu hinterfragen.

6 Literaturübersicht

BETHEL, Geschäftsführende Leitung Eckhardtsheim, 1999: Qualitätsmanagement in Eckhardtsheim. Bielefeld

BEWYL, W., 1998: Evaluation in der Kinder- und Jugendhilfe. In: Landschaftsverband Rheinland/Landesjugendamt (Hg.), Jugendhilfe Report 1/1998, 3-7

BLANDOW, J. u.a., 1986: Erzieherische Hilfen – Untersuchungen zu Geschlechterrollentypisierungen in Einrichtungen und Diensten der Jugendhilfe, in: Freigang, Werner u.a.: Mädchen in Einrichtungen der Jugendhilfe. Opladen, S. 133-227

BUNDESMINISTERIUM FÜR FAMILIE, SENIOREN, FRAUEN UND JUGEND, 1998: Leistungen und Grenzen von Heimerziehung. Schriftenreihe Band 170. Bonn

EBELING,R. 2002: Evaluation des Qualitätsmanagements der Jugendhilfe am Beispiel des Eckehardter Modells. Stuttgart

EBELING,R. 2002: Qualitätsdialoge in der Jugendhilfe Eckehardt. Professionalisierung und Ökonomisierung der Sozialen Arbeit zur strukturierten Bewertung der „Güte“ der sozialen Dienstleistung. Stuttgart

EREV, 1998: Qualitätsentwicklung und Bewertung in der Sozialen Arbeit. Systematische Ansätze und Verfahren. Schriftenreihe 4/98

EREV, 1999: Qualitätsentwicklungsvereinbarung nach §78 b KJHG. Begründung- Umsetzung- Fortschreibung. Schriftenreihe 2/99

EREV, 2000: Leistungen und Grenzen von Heimerziehung. Forschungsergebnisse im Spiegel der Praxis. Schriftenreihe 2/2000

EREV, 2000: Qualitätsentwicklung. Schriftenreihe 3/00

FITZ-WINTER, K./SPÄTH, K., 1996: Die Respektierung von Beteiligungsrechten von Kindern und Jugendlichen bei der Entscheidung über Hilfen zur Erziehung und bei der Hilfeplanung. In: van den Boogart, H. u.a. (Hg.): Rechte von Kindern und Jugendlichen. Wege zu ihrer Verwirklichung. Münster, S. 107-117

FLÖSSER, G., 1999: Die Qualität sozialer Dienstleistungen. Modelle zur

Qualitätsbemessung und Qualitätssicherung, Habilitationsschrift an der Fakultät für Pädagogik. Universität Bielefeld

FREIGANG, W., 1986: Verlegen und Abschieben. Zur Erziehungspraxis im Heim. Weinheim/München

GERULL, P., 1996: Zukunftssicherung oder Fehlinvestition? Zur Effektivität stationärer Heimerziehung. In: Unsere Jugend 3/1996

GINTZEL, U./SCHONE, R. (Hg.), 1990: Zwischen Jugendhilfe und Jugendpsychiatrie. Konzepte, Methoden, Rechtsgrundlagen. Münster

GRODDECK, N./SCHUHMANN, M. (Hg.), 1994: Modernisierung Sozialer Arbeit durch Methodenentwicklung und –reflexion. Freiburg i.B.

HAMBURGER, F., MÜLLER, H., PORR, C., 1994: Untersuchungen über aktuelle Probleme in der Heimerziehung in Rheinland-Pfalz. Mainz

HANSEN, E., 1999: Mehr als nur "Kummer- und Meckerkästen, Reklamationen im sozialen Dienstleistungsbereich: Großbritannien als Beispiel für ein formalisiertes Beschwerdeverfahren. In: sozial extra, Heft 3, S. 1-5

HARTWIG, L., 1990: Sexuelle Gewalterfahrung von Mädchen. Konfliktlagen und Konzepte mädchenorientierter Heimerziehung. Weinheim/München.

HEINER, M. (Hg.), 1996: Qualitätsentwicklung durch Evaluation. für die Entwicklung von Qualitätssicherungsmodellen, Freiburg i.B.

JAKOB, G./VON WENERSKI, H.-J. (Hg.), 1997: Rekonstruktive Sozialpädagogik. Konzepte und Methoden sozialpädagogischen Verstehens in Forschung und Praxis. Weinheim/München

KLATETZKI, TH., 1994: Nachdenken in Organisationen. In: Rose, B (Hg.), ...und es bewegt sich doch. Hamburg

KRÖGER, R., 1998: Niedersächsische Rahmenvereinbarungen nach § 77 KJHG zu Kostensätzen in der Jugendhilfe. In Jugendhilfe 2, 93-103

MAU, S., 1997: Tanja fragt man nicht. In: Forum Erziehungshilfen, Heft 3, 3. Jg., S. 148-150

MEINHOLD, M., 1996: Qualitätssicherung und Qualitätsmanagement in der sozialen Arbeit. Freiburg i.Br.

MERCHEL, J.(Hg.), 1998: Qualität in der Jugendhilfe. Kriterien und Bewertungsmöglichkeiten. Münster

MÜNDER, J. u.a.,1998: Frankfurter Lehr- und Praxis- Kommentar zum KJHG/SGB VIII. Münster

OLK, TH./OTTO, H.-U. 1981: Wertewandel und Sozialpolitik - Entwicklungsperspektiven kommunaler Sozialarbeitspolitik. In: Neue Praxis, 11 Jg., Nr. 2, S. 99-146

PLANUNGSGRUPPE – PETRA, 1988: Was leistet Heimerziehung? Ergebnisse einer empirischen Untersuchung. Frankfurt/Main

SCHWABE, M., 1996b: Eskalation und De- Eskalation in Einrichtungen der Jugendhilfe. Konstruktiver Umgang mit Aggression und Gewalt in Arbeitsfeldern der Jugendhilfe. Frankfurt/Main

SPIEGEL, H. von, 1998: Selbstevaluation – Qualitätsentwicklung und Qualitätssicherung "von unten". In Merchel, J. (Hg), a.a.O., 351-373

SPIEGEL, H. von, 2000: Jugendarbeit mit Erfolg. Arbeitshilfen und Erfahrungsberichte zu Qualitätsentwicklung und Selbstevaluation in der Offenen Kinder- und Jugendarbeit. Münster

STATISTISCHES BUNDESAMT (Hg.), 1997: Statistisches Jahrbuch für die Bundesrepublik Deutschland 1996. Wiesbaden

STRUCK, N., 1998: Abbau von Ressourcen - Abbau von Rechten. In: Forum Erziehungshilfen, Heft 4, 4.Jg., S. 196-203

THIERSCH, H., 1997: Leistungen der Jugendhilfe – am Beispiel einer Untersuchung zur Heimerziehung. In: EREV (Hg.) Leistung und Qualität in der Jugendhilfe. Hannover, 14-28

THIERSCH, H., 1992: Lebensweltorientierte Soziale Arbeit. Aufgaben der Praxis im sozialen Wandel. Weinheim/München

THIMM, K., 1995: „Unbetreubare" Jugendliche – Abbrüche in stationärer Heimerziehung. In: Soziale Arbeit, 44 Jg., Heft 7, S. 232-235

TREDE, W., 1998: Lebensfeldorientierte Soziale Arbeit. Aufgaben der Praxis im sozialen Wandel, 2. Auflage. Weinheim/München

WOLFF, M. 1995: Erfahrungen, Meinungen. In: Sozialpädagogik, Heft 6, 36 Jg., S. 81-83

7 Forschungsinstrumente

Untersuchungsteil: Kinder/ Jugendliche

Name des/der InterviewerIn ____________________________ V001a

Dieses Deckblatt wird von dem/der InterviewerIn ausgefüllt:

Lfd.: Nr.:________________V001b

Datum : Quartal / Jahr __________________ V 001

Bitte die entsprechende Kennzahl unterstreichen!

Gruppe :	Kennzahl	V 002
IWG 1	1	
IWG 2	2	
AWG Fichtenweg	3	
Intensivgruppe	4	
Wochengruppe	5	
WGI	6	
WGV Bielefeld	7	
Betreutes Wohnen	8	
Mobile Betreuung	9	
Tagesgruppen	10	
Flexible Betreuung/ Erziehungsbeistandschaft	11	

Erstinterview	( )1	V 003
Veränderung der Maßnahme	( )2	
Beendigung der Maßnahme	( )3	

Wie lange hast du in dieser Wohnform gelebt? Monat/Jahre _______________V 003c

Wie wurde der Fragebogen ausgefüllt? V 003d

- selbstständig ( ) 1
- mit geringer Hilfe ( ) 2
- mit erheblicher Hilfe ( ) 3

Diese Untersuchung ist anonym!

Fragen zur Person			
Frage 1	**Geschlecht:**		
	Männlich Weiblich	□(1) □(2)	V 004
Frage 2	**Alter:**		
	.... Jahre		V 005
Frage 3	**Ich bin zur Zeit Schüler / Schülerin:** ***(Auszubildende sind Berufsschüler oder Berufsschülerinnen)***		
	Ja □ (2) **Nein** □ (1) ***Wenn ja, bitte die Frage 3a ausfüllen!***		**V 006a**
Frage 3a	**Ich bin zur Zeit Schüler/Schülerin der Schulform:**		
	Sonderschule Hauptschule Realschule Fachoberschule Gymnasium Gesamtschule Berufsschule in Eckhardtsheim Berufsschule außerhalb Eckhardtsheim Sonstige Schulform...	□(1) □(2) □(3) □(4) □(5) □(9) □(6) □(7) □(8)	**V 006**
Frage 4	**Welche Staatsangehörigkeit besitzt Du?**		
	Deutsch Sonstige Staatsangehörigkeit, nämlich:	□(1) □(2)	V 007
Frage 5	**Wo bist Du geboren?**		
	Deutschland Sonstiges Land, nämlich:	□(1) □(2)	V 008
Frage 6	**In welcher Familien- Lebenssituation hast du hauptsächlich, in den letzten 3 Jahren, vor der Unterbringung in dieser Wohnform gelebt?** **Es ist nur eine Antwort möglich!**		
	leibliche Eltern ein Elternteil ein Elternteil mit neuem Partner Pflege-/ Adoptivfamilie Großeltern andere Jugendhilfeeinrichtung andere Wohnform unserer Einrichtung psychiatrische Einrichtung ständig wechselnde Familien- Lebenssituationen Sonstiges:	□(1) □(2) □(4) □(10) □(5) □(6) □(11) □(7) □(8) □(9)	V 009

Frage 7	Was kannst Du zu der Wohnsituation, dem Wohnumfeld und der Betreuungssituation in der Du bei uns gelebt hast, sagen?					
	stimme gar nicht zu (1)	stimme eher nicht zu (2)	stimme eher zu (3)	stimme völlig zu (4)	trifft für mich nicht zu (5)	
Mein Zimmer oder meine Wohnung war für mich groß genug.	□	□	□	□	□	V 011
Die Ausstattung meines Zimmers oder meiner Wohnung war für mich ausreichend.	□	□	□	□	□	V 012
In meinem Zimmer oder meiner Wohnung konnte ich mich wohl fühlen.	□	□	□	□	□	V 013
Ich hatte einen geeigneten Raum, um für mich Ruhe zu bekommen.	□	□	□	□	□	V 014
In war mit der Lage meiner Gruppe/ Wohnung zufrieden.	□	□	□	□	□	V014a
Mir wurde gesagt, wie viel Eigengeld mir zusteht.	□	□	□	□	□	V 020
Ich konnte meine Eigengeldkontoauszüge einsehen.	□	□	□	□	□	V 021
Auch in Krisen- und Konfliktsituationen hatte ich von Seiten der Einrichtung die Möglichkeit mit meinen Eltern Kontakt aufzunehmen.	□	□	□	□	□	V 023
Auch in Krisen- und Konfliktsituationen hatte ich von Seiten der Einrichtung die Möglichkeit mit meinem Jugendamt Kontakt aufzunehmen.	□	□	□	□	□	V 024
Meine Erzieher hatten genügend Zeit für mich.	□	□	□	□	□	V 026
Ich fühle mich ausreichend verpflegt.	□	□	□	□	□	V 028
Es gab klare Regeln und Absprachen in der Gruppe.	□	□	□	□	□	V 029

Frage 8	Was meinst Du zu folgenden Aussagen?					
	stimme gar nicht zu (1)	stimme eher nicht zu (2)	stimme eher zu (3)	stimme völlig zu (4)	trifft für mich nicht zu (5)	
Ich wusste, bei wem ich mich beschweren konnte.	□	□	□	□	□	V 016
Ich hatte das Gefühl mich beschweren zu können ohne einen Nachteil zu haben.	□	□	□	□	□	V016a
Beschwerden wurden ernst genommen.	□	□	□	□	□	V 017
In Konfliktsituationen zwischen mir und den Mitarbeitern wurde eine verantwortliche Leitungsperson eingeschaltet.	□	□	□	□	□	V017a
Ich konnte mich an Entscheidungen in der Gruppe beteiligen.	□	□	□	□	□	V 018
Ich konnte mich an der Vereinbarung der Regeln in der Gruppe beteiligen.	□	□	□	□	□	V 019
Bei wichtigen mich betreffenden Entscheidungen war ich beteiligt.	□	□	□	□	□	V 025
Meine Wünsche und eigenen Ziele wurden im Hilfeplan berücksichtigt.	□	□	□	□	□	V024a

Frage 9	**Bist Du mit dem Ausmaß der Beteiligung zufrieden?**				
		nein	**ja**	**trifft für mich nicht zu**	
Bei der Gestaltung der Gruppe/ Wohnung.		□(1)	□(2)	□(3)	V018a
Bei der Auswahl der Mitbewohner oder Mitbewohnerinnen.		□(1)	□(2)	□(3)	V018c
Bei der Hilfeplanung.		□(1)	□(2)	□(3)	V018d
Bei der Auswahl des Bezugsmitarbeiters/ der Bezugsmitarbeiterin.		□(1)	□(2)	□(3)	V018e

Frage 10	**Inwieweit hast Du Dich in der Betreuung geschützt gefühlt?**					
	stimme gar nicht zu (1)	stimme eher nicht zu (2)	stimme eher zu (3)	stimme völlig zu (4)	trifft für mich nicht zu (5)	
Vor anderen Jugendlichen aus der eigenen Gruppe/ Wohnung.	□	□	□	□	□	V 031
Vor Besuchern der Gruppe/ Wohnung.	□	□	□	□	□	V027a
Vor Familienmitgliedern.	□	□	□	□	□	V027b
In der Schule/ am Arbeitsplatz.	□	□	□	□	□	V027c

Frage 11	**Hier wollen wir Dir einige Fragen zu Freizeitangeboten stellen. Wie stehst Du zu folgenden Aussagen?**					
	stimme gar nicht zu (1)	stimme eher nicht zu (2)	stimme eher zu (3)	stimme völlig zu (4)	trifft für mich nicht zu (5)	
Es ausreichend Freizeitangebote mit den Betreuern.	□	□	□	□	□	V032a
In der Einrichtung gab ausreichend Freizeitangebote.	□	□	□	□	□	V032c
Ich konnte die Freizeitangebote mitgestalten.	□	□	□	□	□	V032
Ich konnte Treffpunkte für Freizeitangebote gut erreichen.	□	□	□	□	□	V015a
Die Betreuer haben mich, oft genug zu Freizeitaktivitäten gefahren.	□	□	□	□	□	V032d
Die Betreuer haben meinen gewünschten Kontakt zu Vereinen/Sportvereinen gefördert.	□	□	□	□	□	V032e
Folgende Freizeitangebote, Hobbys haben mir in der Einrichtung gefehlt..						V032f

Frage 12	**Wie stehst Du zu folgenden Aussagen?**					
	stimme gar nicht zu (1)	stimme eher nicht zu (2)	stimme eher zu (3)	stimme völlig zu (4)	trifft für mich nicht zu (5)	
Ich bin mit der Betreuung zufrieden.	□	□	□	□	□	V031a
Die Einrichtung hat die Vereinbarungen gemäß der Hilfeplanung erfüllt.	□	□	□	□	□	V031d
Meine Eltern/ Sorgeberechtigten sind an meiner Entwicklung in der Maßnahme interessiert.	□	□	□	□	□	V031c

Frage 13	***Wohnst Du in einer Einzelwohnung?***	
Ja □ *(2)* **Nein** □ *(1)* **Wenn ja, bitte die Frage 13a ausfüllen!**		*V 015e*

Frage 13a	***Wie stehst Du zu folgenden Aussagen?***					
	stimme gar nicht zu (1)	stimme eher nicht zu (2)	stimme eher zu (3)	stimme völlig zu (4)	trifft für mich nicht zu (5)	
Ich habe mir in meiner Wohnung einen Mitbewohner oder eine Mitbewohnerin gewünscht.	□	□	□	□	□	V015b
Ich habe mich in meiner Wohnung oft einsam gefühlt.	□	□	□	□	□	V015c
Ich hatte genug Kontakt zu den Mitarbeitern.	□	□	□	□	□	V015d

Frage 14	**Wurde Deine Maßnahme beendet oder bist Du in eine andere Wohnform der Einrichtung verlegt worden?**	
Ja ☐ *(2)* ***Nein*** ☐ *(1)* ***Wenn ja, bitte die Fragen 14a und 15 ausfüllen!***		*V031i*

Frage 14a	**Ich bin in der Betreuung selbstständiger geworden,..............**					
	stimme gar nicht zu (1)	stimme eher nicht zu (2)	stimme eher zu (3)	stimme völlig zu (4)	trifft für mich nicht zu (5)	
in der Schule/ bei der Arbeit	☐	☐	☐	☐	☐	V031g
im Umgang mit meinem Geld	☐	☐	☐	☐	☐	V031e
in lebenspraktischen Fähigkeiten	☐	☐	☐	☐	☐	V031f
in der Begegnung mit Menschen	☐	☐	☐	☐	☐	V031h
Insgesamt	☐	☐	☐	☐	☐	V031b

Frage 15	**Wie stehst Du zu folgenden Aussagen?**					
	stimme gar nicht zu (1)	stimme eher nicht zu (2)	stimme eher zu (3)	stimme völlig zu (4)	trifft für mich nicht zu (5)	
In der Betreuung habe ich einen Schulabschluss oder Ausbildungsabschluss erlangt.	☐	☐	☐	☐	☐	V031i
Ich bin im Laufe der Betreuung immer weniger mit Gesetz in Konflikt geraten.	☐	☐	☐	☐	☐	V031j

Frage 16	***Wurde Deine Maßnahme beendet oder bist Du in eine andere Wohnform der Einrichtung verlegt worden?***		
Ja □ *(2)* ***Nein*** □ *(1)* **Wenn ja, bitte die Frage 16a ausfüllen!**			*V010a*
Frage 16a	***Wo wirst Du, wenn Du bei uns ausgezogen bist wohnen?***		
	In deiner eigenen Wohnung	□(1)	V010
	Bei deinen Eltern	□(2)	
	In einer anderen Wohnform unserer Einrichtung	□(3)	
	In einer anderen Einrichtung der Jugendhilfe	□(4)	
	Sonstiges:	□(5)	

Frage 17	**Abschließend möchten wir Dir die Möglichkeit geben eigene Vorschläge zur Verbesserung unseres Angebotes zu machen:**	
	Vorschläge:	V 057a

Vielen Dank für Deine Mühe und Deine Unterstützung!

Kinder der Tages- oder Wochengruppe

Frage 1	**In der ersten Frage geht es um die Ausstattung der Tagesgruppe**					
	Stimme gar nicht zu (1)	Stimme eher nicht zu (2)	Stimme eher zu (3)	Stimme völlig zu (4)	Trifft für mich nicht zu (5)	
Die Räume, in denen die Tagesgruppe stattfand, haben mir gut gefallen.	☐	☐	☐	☐	☐	V01
Ich hatte einen geeigneten Platz, um meine Schularbeiten zu erledigen.	☐	☐	☐	☐	☐	V02
Ich hatte einen geeigneten Raum, um mich zurückzuziehen.	☐	☐	☐	☐	☐	V03
Es gab für mich genug Platz zum Spielen, Toben und Basteln.	☐	☐	☐	☐	☐	V04
Es gab genug schöne Spiele und Material zum Basteln und Bauen.	☐	☐	☐	☐	☐	V05
Die Umgebung des Hauses hat mir gut gefallen.	☐	☐	☐	☐	☐	V06
In der Tagesgruppe habe ich immer ausreichend zu Essen bekommen.	☐	☐	☐	☐	☐	V07
Das Essen in der Tagesgruppe hat mir gut geschmeckt.	☐	☐	☐	☐	☐	V08

Was fandest Du an der Ausstattung der Tagesgruppe besonders gut? V08a

____

____

____

Was hat Dir an der Ausstattung der Tagesgruppe weniger gut gefallen? V08b

____

____

____

Frage 2	Nun geht es darum, wie Du die MitarbeiterInnen in der Betreuung erlebt hast.					
	Stimme gar nicht zu (1)	Stimme eher nicht zu (2)	Stimme eher zu (3)	Stimme völlig zu (4)	Trifft für mich nicht zu (5)	
Die MitarbeiterInnen hatten genügend Zeit für mich.	□	□	□	□	□	V09
In der Tagesgruppe gab es jemanden, mit dem ich über meine Probleme reden konnte.	□	□	□	□	□	V10
Wenn mir etwas in der Tagesgruppe nicht gut gefallen hat, hat mir jemand zugehört.	□	□	□	□	□	V11
Es wurde versucht, die Sachen zu ändern, die mir nicht gefallen haben.	□	□	□	□	□	V12
Ich fühlte mich durch die Mitarbeiter in der Gruppe geschützt.	□	□	□	□	□	V13
Es gab klare Regeln und Absprachen in der Tagesgruppe.	□	□	□	□	□	V14
Wenn neue Regeln aufgestellt wurden, konnte ich mitentscheiden.	□	□	□	□	□	V15
Bei meinen Schularbeiten bekam ich die Hilfe, die ich brauchte.	□	□	□	□	□	V16
In meiner Tagesgruppenzeit, haben sich meine Schulleistungen verbessert.	□	□	□	□	□	V17

Was fandest Du an der Betreuung durch die MitarbeiterInnen besonders gut? V017a

____

____

____

Was hat Dir an der Betreuung durch die MitarbeiterInnen weniger gefallen? V017b

Frage 3	**Hier möchten wir wissen, wie Dir die Gruppe und die Gruppenangebote gefallen haben**					
	Stimme gar nicht zu (1)	Stimme eher nicht zu (2)	Stimme eher zu (3)	Stimme völlig zu (4)	Trifft für mich nicht zu (5)	
Ich bin mit den Kindern in der Gruppe gut ausgekommen.	☐	☐	☐	☐	☐	V18
Ich habe mich in der Gruppe wohlgefühlt.	☐	☐	☐	☐	☐	V19
Ich habe Freunde/Freundinnen in der Gruppe gefunden.	☐	☐	☐	☐	☐	V20
Ich wurde gefragt, was wir spielen oder unternehmen sollen.	☐	☐	☐	☐	☐	V21
Wir haben ausreichend oft etwas unternommen.	☐	☐	☐	☐	☐	V21
Insgesamt fand ich die Dinge gut, die wir gespielt oder unternommen haben.	☐	☐	☐	☐	☐	V22

Was fandest Du an der Gruppe bzw. an den Gruppenangeboten besonders gut? V22a

___

___

Was hat Dir an der Gruppe bzw. an den Gruppenangeboten weniger gefallen? V22b

___

___

Frage 4	**Als letztes kommen noch einige Fragen zur Tagesgruppe insgesamt**					
	Stimme gar nicht zu (1)	Stimme eher nicht zu (2)	Stimme eher zu (3)	Stimme völlig zu (4)	Trifft für mich nicht zu (5)	
Ich war bei wichtigen Entscheidungen, die mich betrafen, beteiligt.	☐	☐	☐	☐	☐	V23
Ich wurde im Hilfeplangespräch nach meinen Wünschen und Zielen gefragt.	☐	☐	☐	☐	☐	V24
Seitdem ich in der Tagesgruppe bin, trau ich mir selbst mehr zu.	☐	☐	☐	☐	☐	V25
Während der Tagesgruppenzeit hat sich die Stimmung in unserer Familie verbessert.	☐	☐	☐	☐	☐	V26
Ich bin meistens gerne in die Tagesgruppe gekommen.	☐	☐	☐	☐	☐	V27

Was fandest Du an der Tagesgruppe insgesamt besonders gut? V27a

____

____

____

____

____

Was hat Dir an der Tagesgruppe insgesamt weniger gut gefallen? V27b

____

____

____

____

____

Untersuchungsteil: Fachkräfte des Jugendamts

Name des/der InterviewerIn ____________________ V 085c

Lfd. Nr. : ____________ V 085b

Datum : Quartal / Jahr _________________ V 085

Bitte die entsprechende Kennzahl unterstreichen!

Gruppe :	Kennzahl:	V 085a
IWG 1	1	
IWG 2	2	
AWG Fichtenweg	3	
Intensivgruppe	4	
Wochengruppe	5	
WGI	6	
WGV Bielefeld	7	
Betreutes Wohnen	8	
Mobile Betreuung	9	
Tagesgruppen	10	
Flexible Betreuung/ Erziehungsbeistandschaft	11	

Diese Untersuchung ist anonym!

Wir bitten Sie den Fragebogen ab hier auszufüllen!

Die Bezeichnung des zuständigen Jugendamts angeben. V 086
(z.B. Jugendamt Holzminden / Regionalteam Süd)

....

Wie lange arbeiten Sie mit uns zusammen? ....Jahre V 086a

Frage 1	***In dieser Frage geht es um Ihre Meinung als MitarbeiterIn des Jugendamts, hinsichtlich der Qualität:*** ***a) unserer Außendarstellung*** ***und b) unseres Aufnahmeprozesses.*** ***Stimmen Sie folgenden Aussagen zu oder nicht zu?***					
	stimme gar nicht zu (1)	stimme eher nicht zu (2)	stimme eher zu (3)	stimme völlig zu (4)	trifft für mich nicht zu (5)	
Die unterschiedlichen Betreuungsangebote der Einrichtung sind mir vor der Unterbringung präsentiert worden.	☐	☐	☐	☐	☐	V 087
Die Einrichtung war telefonisch gut erreichbar.	☐	☐	☐	☐	☐	V 088
Am Telefon wird man freundlich und hilfsbereit empfangen.	☐	☐	☐	☐	☐	V 089
Die Kontaktaufnahme mit dem/der für Sie zuständigen GesprächspartnerIn wurde schnell ermöglicht.	☐	☐	☐	☐	☐	V 090
Der Aufnahmeprozess läuft einfach und zügig ab.	☐	☐	☐	☐	☐	V 091
Die im Aufnahmeprozess beteiligten MitarbeiterInnen erweisen sich als kompetent.	☐	☐	☐	☐	☐	V 092
Das Aufnahmegespräch wurde in einer offenen und guten Atmosphäre geführt.	☐	☐	☐	☐	☐	V 095
Der betroffene Jugendliche (das Kind) wurde am Aufnahmegespräch beteiligt.	☐	☐	☐	☐	☐	V 096
Das Angebot stimmt mit der aktuellen Leistungs-beschreibung überein.	☐	☐	☐	☐	☐	V 093
Der Standard der Unterbringung in den einzelnen Wohnformen (bzw. Tagesgruppen) ist angemessen.	☐	☐	☐	☐	☐	V 094

Frage 2	In dieser Frage geht es um Ihre Meinung, über die Qualität der Zusammenarbeit zwischen Ihnen als Fachkräften des Jugendamts und uns als Einrichtung der Erziehungshilfen.					
	stimme gar nicht zu (1)	stimme eher nicht zu (2)	stimme eher zu (3)	stimme völlig zu (4)	trifft für mich nicht zu (5)	
Über wichtige Veränderungen im Betreuungsverlauf wurden die VertreterInnen des Jugendamts rechtzeitig informiert.	□	□	□	□	□	V 097
Bei wichtigen Entscheidungen wurden die VertreterInnen des Jugendamts rechtzeitig beteiligt.	□	□	□	□	□	V 098
Die Einrichtung hat den vereinbarten Erziehungsauftrag gemäß der Hilfeplanung erfüllt.	□	□	□	□	□	V 099
Der Jugendliche (das Kind) ist in der Betreuung selbstständiger geworden.	□	□	□	□	□	V099a
Die Einrichtung hat bei Veränderungen gemäß der Hilfeplanung die VertreterInnen des Jugendamts rechtzeitig in Kenntnis gesetzt.	□	□	□	□	□	V 100
Die verantwortlichen MitarbeiterInnen waren für die VertreterInnen des Jugendamts gut zu erreichen.	□	□	□	□	□	V 101
Die für die Jugendlichen (die Kinder) verantwortlichen MitarbeiterInnen der Einrichtung wurden von dem/den VertreterInnen des Jugendamts als kompetent erlebt.	□	□	□	□	□	V 102

Frage 3	***In dieser Frage wollen wir von Ihnen wissen, ob zur Qualitätsverbesserung unserer einzelnen Angebote folgende Aussagen für Sie zutreffend sind.*** ***Wie stehen Sie zu folgenden Aussagen?***					
	stimme gar nicht zu (1)	stimme eher nicht zu (2)	stimme eher zu (3)	stimme völlig zu (4)	trifft für mich nicht zu (5)	
Es gibt genügend interne therapeutische Angebote in der Einrichtung.	□	□	□	□	□	V 103
Die Einrichtung kann auf besonders schwierige Jugendliche (Kinder) angemessen eingehen.	□	□	□	□	□	V 104
Die MitarbeiterInnen setzen den Jugendlichen (Kindern) ausreichend enge Grenzen.	□	□	□	□	□	V 106
Die Betreuung ist flexibel und passend auf den einzelnen Jugendlichen (das Kind) zugeschnitten.	□	□	□	□	□	V 109
Die Kooperation zwischen unserer Einrichtung und anderen Institutionen ist gut.	□	□	□	□	□	V 110
Die Einrichtung informiert die VertreterInnen des Jugendamts ausreichend über die entstehenden Kosten.	□	□	□	□	□	V 111
Die pädagogische Arbeit unserer MitarbeiterInnen ist gut.	□	□	□	□	□	V 112
Die Arbeit unserer MitarbeiterInnen der Verwaltungsabteilung ist gut.	□	□	□	□	□	V 113
Die Jugendlichen (Kinder) bleiben eine angemessene Zeit in den einzelnen Betreuungsformen.	□	□	□	□	□	V 114
Es ist ausreichend Elternarbeit geleistet worden.	□	□	□	□	□	V 115

Frage 3a	***In Ergänzung zur vorherigen Frage 3 wollen wir weitere Aussagen zur Qualitätsverbesserung überprüfen.*** **Wie stehen Sie zu diesen Aussagen?**					
	stimme gar nicht zu (1)	stimme eher nicht zu (2)	stimme eher zu (3)	stimme völlig zu (4)	trifft auf mich nicht zu (5)	
Sie sind mit dem Angebot an niederschwelligen Beschäftigungsmodellen zufrieden.	□	□	□	□	□	V 116
Das differenzierte Angebot entspricht dem Bedarf.	□	□	□	□	□	V 117
Sie sind mit unserer internen Ausbildungspalette zufrieden.	□	□	□	□	□	V117a
Sie sind mit unserem Ausbildungsangebot für junge Frauen zufrieden.	□	□	□	□	□	V117b

Frage 3b	**Wie stehen Sie zu folgenden Aussagen?**					
	stimme gar nicht zu (4)	stimme eher nicht zu (3)	stimme eher zu (2)	stimme völlig zu (1)	trifft auf mich nicht zu (5)	
Die Jugendlichen (Kinder) bleiben zu lange in den einzelnen Betreuungsformen.	□	□	□	□	□	V118a
Die Jugendlichen (Kinder) bleiben zu kurz in den einzelnen Betreuungsformen.	□	□	□	□	□	V118b

Frage 4	**Wie wünschen Sie sich den Aufnahmeprozess?**		
	nein (1)	ja (2)	
Direktanfrage in die Gruppe	□	□	V117c
Zentral über eine Leitungsperson	□	□	V117d

Frage 5	Wie beurteilen Sie als Außenstehender das Betriebsklima in unserer Einrichtung?		
	Sehr schlecht	□ (1)	V 118
	Eher schlecht	□ (2)	
	Eher gut	□ (3)	
	Sehr gut	□ (4)	

Frage 6	Abschließend möchten wir Ihnen die Möglichkeit geben eigene Vorschläge zur Verbesserung bzw. Erweiterung unseres Angebotes zu machen:	
	Vorschläge:	V 119

Vielen Dank für Ihre Mühe und Ihre Unterstützung im Qualitätsdialog!

Untersuchungsteil: Eltern/ Sorgeberechtigte

Name des/der InterviewerIn ____________________V 058d

Dieses Deckblatt wird von dem/der InterviewerIn ausgefüllt:

Lfd. Nr. : ______________V058c

Datum : Quartal/ Jahr _________________ V 058

Bitte die entsprechende Kennzahl unterstreichen!

Gruppe :	Kennzahl:	V 058a
IWG 1	1	
IWG 2	2	
AWG Fichtenweg	3	
Intensivgruppe	4	
Wochengruppe	5	
WGI	6	
WGV Bielefeld	7	
Betreutes Wohnen	8	
Mobile Betreuung	9	
Tagesgruppen	10	
Flexible Betreuung/ Erziehungsbeistandschaft	11	

Diese Untersuchung ist anonym!

Frage 1	***In dieser Frage geht es um die Qualität der Zusammenarbeit, zwischen Ihnen als Eltern und uns als MitarbeiterInnen der zu betreuenden Jugendlichen.*** ***Wie stehen Sie zu folgenden Aussagen?***					
	stimme gar nicht zu (1)	stimme eher nicht zu (2)	stimme eher zu (3)	stimme völlig zu (4)	trifft für mich nicht zu (5)	
Die MitarbeiterInnen haben den Kontakt zwischen der Einrichtung und dem Elternhaus gefördert.	□	□	□	□	□	V 059
Bei wichtigen Entscheidungen wurden wir als Eltern rechtzeitig beteiligt.	□	□	□	□	□	V 060
Es gab für mich namentlich bekannte Ansprechpartner.	□	□	□	□	□	V 061
Bei Bedarf habe ich zuständige MitarbeiterInnen erreicht.	□	□	□	□	□	V 062
Von der Einrichtung getroffene Maßnahmen wurden mir ausreichend erläutert.	□	□	□	□	□	V 063
Ich war mit den von der Einrichtung getroffenen Maßnahmen einverstanden.	□	□	□	□	□	V063a
Die MitarbeiterInnen verstanden das Wesentliche der Probleme meines Kindes.	□	□	□	□	□	V 064
Ich hatte Vertrauen zu den/dem verantwortlichen MitarbeiterInnen.	□	□	□	□	□	V 066
Die MitarbeiterInnen haben mich ausreichend einbezogen.	□	□	□	□	□	V 081

Frage 2	***In dieser Frage geht es um Ihre Wünsche, Meinungen und Erwartungen, die Sie als Eltern mit unserem Angebot verbinden.*** ***Wie stehen Sie zu folgenden Aussagen?***					
	stimme gar nicht zu (1)	stimme eher nicht zu (2)	stimme eher zu (3)	stimme völlig zu (4)	trifft für mich nicht zu (5)	
Die im Hilfeplangespräch gemachten Angebote der Einrichtung sind eingelöst worden.	☐	☐	☐	☐	☐	V 068
Ich habe den Eindruck, mit dem im Hilfeplangespräch ausgewähltem Angebot gut beraten worden zu sein.	☐	☐	☐	☐	☐	V 069
Ich habe den Eindruck, in der Einrichtung immer freundlich empfangen worden zu sein.	☐	☐	☐	☐	☐	V 070
Meine Erwartungen hinsichtlich der Maßnahme sind erfüllt worden.	☐	☐	☐	☐	☐	V 071
Die Maßnahme war für mein Kind hilfreich.	☐	☐	☐	☐	☐	V071a
Durch die Maßnahme hat sich die Beziehung zu meinem Kind verbessert.	☐	☐	☐	☐	☐	V071b
Die Maßnahme hat auch die Beziehung der anderen Familienmitglieder untereinander erleichtert.	☐	☐	☐	☐	☐	V 072
Ich bin der Meinung, dass die MitarbeiterInnen mein Kind mit Würde behandelt haben.	☐	☐	☐	☐	☐	V 073
Mein Kind ist selbständiger geworden.	☐	☐	☐	☐	☐	V082a
Ich bin mit der Betreuung meines Kindes zufrieden.	☐	☐	☐	☐	☐	V082c

Frage 3	**Abschließend möchten wir Ihnen die Möglichkeit geben, uns Ihre eigenen Vorschläge zur Verbesserung unserer Arbeit mitzuteilen:**
	Vorschläge: V 82b ....

Frage 3.1	**Was könnte in unseren Angeboten aus Ihrer Erfahrung heraus besser gemacht werden?**
	V 82c ....

Frage 3.2	**Was hat Ihnen an unserem Angebot besonders gut gefallen und sollte auf keinen Fall geändert werden?**
	V 82d ....

Vielen Dank für Ihr Bemühen und Ihre Unterstützung !

Untersuchungsteil: Eltern/ Sorgeberechtigte Tagesgruppe/ WOTAG

Name des/der InterviewerIn ____________________ V 058d

Dieses Deckblatt wird von dem/der InterviewerIn ausgefüllt:

Lfd. Nr. : ______________V058c

Datum : Quartal/ Jahr ________________ V 058

Bitte die entsprechende Kennzahl unterstreichen!

Gruppe :	Kennzahl:	V 058a
Wochen/Tagesgruppe	5	
Tagesgruppen	10	

Diese Untersuchung ist anonym!

Allgemeiner Teil

Frage 1	***In dieser Frage geht es um die Qualität der Zusammenarbeit, zwischen Ihnen als Eltern und uns als MitarbeiterInnen der zu betreuenden Jugendlichen.*** ***Wie stehen Sie zu folgenden Aussagen?***					
	stimme gar nicht zu (1)	stimme eher nicht zu (2)	stimme eher zu (3)	stimme völlig zu (4)	trifft für mich nicht zu (5)	
Die MitarbeiterInnen haben den Kontakt zwischen der Einrichtung und dem Elternhaus gefördert.	□	□	□	□	□	V 059
Bei wichtigen Entscheidungen wurden wir als Eltern rechtzeitig beteiligt.	□	□	□	□	□	V 060
Es gab für mich namentlich bekannte Ansprechpartner.	□	□	□	□	□	V 061
Bei Bedarf habe ich zuständige MitarbeiterInnen erreicht.	□	□	□	□	□	V 062
Von der Einrichtung getroffene Maßnahmen wurden mir ausreichend erläutert.	□	□	□	□	□	V 063
Ich war mit den von der Einrichtung getroffenen Maßnahmen einverstanden.	□	□	□	□	□	V063a
Die MitarbeiterInnen verstanden das Wesentliche der Probleme meines Kindes.	□	□	□	□	□	V 064
Ich hatte Vertrauen zu den/dem verantwortlichen MitarbeiterInnen.	□	□	□	□	□	V 066
Die MitarbeiterInnen haben mich ausreichend einbezogen.	□	□	□	□	□	V 081

Frage 2	***In dieser Frage geht es um Ihre Wünsche, Meinungen und Erwartungen, die Sie als Eltern mit unserem Angebot verbinden.*** ***Wie stehen Sie zu folgenden Aussagen?***					
	stimme gar nicht zu (1)	stimme eher nicht zu (2)	stimme eher zu (3)	stimme völlig zu (4)	trifft für mich nicht zu (5)	
Die im Hilfeplangespräch gemachten Angebote der Einrichtung sind eingelöst worden.	☐	☐	☐	☐	☐	V 068
Ich habe den Eindruck, mit dem im Hilfeplangespräch ausgewähltem Angebot gut beraten worden zu sein.	☐	☐	☐	☐	☐	V 069
Ich habe den Eindruck, in der Einrichtung immer freundlich empfangen worden zu sein.	☐	☐	☐	☐	☐	V 070
Meine Erwartungen hinsichtlich der Maßnahme sind erfüllt worden.	☐	☐	☐	☐	☐	V 071
Die Maßnahme war für mein Kind hilfreich.	☐	☐	☐	☐	☐	V071a
Durch die Maßnahme hat sich die Beziehung zu meinem Kind verbessert.	☐	☐	☐	☐	☐	V071b
Die Maßnahme hat auch die Beziehung der anderen Familienmitglieder untereinander erleichtert.	☐	☐	☐	☐	☐	V 072
Ich bin der Meinung, dass die MitarbeiterInnen mein Kind mit Würde behandelt haben.	☐	☐	☐	☐	☐	V 073
Mein Kind ist selbständiger geworden.	☐	☐	☐	☐	☐	V082a
Ich bin mit der Betreuung meines Kindes zufrieden.	☐	☐	☐	☐	☐	V082c

Frage 3	**Wir haben eine Reihe von Schwierigkeiten aufgelistet, mit denen sich Familien häufig an Tagesgruppen wenden. Bitte beurteilen Sie daher bei jedem Problem, ob bzw. in welchem Ausmaß es bei Ihrem Kind zutraf.** ***Worin bestand das problematische Verhalten, Erleben vor dem Beginn der Tagesgruppe:***

es gab	traf gar nicht zu (1)	traf eher nicht zu (2)	traf eher zu (3)	traf völlig zu (4)	trifft für mich nicht zu (5)	
allgemeine Lern- und Leistungsprobleme	□	□	□	□	□	V T3.1
Konzentrations- schwierigkeiten	□	□	□	□	□	V T3.2
Lese-/Rechtschreib- schwäche	□	□	□	□	□	V T3.3
...mangelnde Motivation, Schulunlust	□	□	□	□	□	V T3.4
Schulverweigerung	□	□	□	□	□	V T3.5
Aggressivität	□	□	□	□	□	V T3.6
extreme Unruhe	□	□	□	□	□	V T3.7
...auffälliges Verhalten (z.B. extremes Lügen, Stehlen, Zündeln, ...)	□	□	□	□	□	V T3.8
Drogen oder Alkoholprobleme	□	□	□	□	□	V T3.9
Konflikte mit dem Gesetz	□	□	□	□	□	V T3.10
.. Ängste	□	□	□	□	□	V T3.11
...mangelndes Selbstvertrauen/ Unsicherheit	□	□	□	□	□	V T3.12
...Kontaktprobleme/ Schüchternheit	□	□	□	□	□	V T3.13
...Eltern-/Kind- konflikte	□	□	□	□	□	V T3.14

Frage 3 2.Teil	**Weiter zu Frage 3:** **Worin bestand das problematische Verhalten, Erleben vor dem Beginn der Tagesgruppe:**					
es gab	traf gar nicht zu (1)	traf eher nicht zu (2)	traf eher zu (3)	traf völlig zu (4)	trifft für mich nicht zu (5)	
Geschwister-konflikte	□	□	□	□	□	V T3.15
...Schlafstörungen	□	□	□	□	□	V T3.16
...Einnässen/Einkoten	□	□	□	□	□	V T3.17
...körperliche Beschwerden (z.B. Kopf-/Bauchschmerzen, Asthma, Allergien)	□	□	□	□	□	V T3.18

andere Probleme..	V T3.19

Frage 4	**Bitte geben Sie an, wie wichtig Ihnen folgende Aspekte bei der Tagesgruppe sind:**					
wie wichtig ist Ihnen bei der Tagesgruppe, dass	völlig unwichtig (1)	eher unwichtig (2)	eher wichtig (3)	völlig wichtig (4)	weder noch (5)	
...Ihr Kind am Nachmittag versorgt wird.	□	□	□	□	□	V T4.1
...Sie besser über das Problem Bescheid wissen.	□	□	□	□	□	V T4.2
...das Problem durch die Mitarbeiter gelöst wird.	□	□	□	□	□	V T4.3
...Sie von den Mitarbeitern Tipps zum Umgang mit dem Problem bekommen.	□	□	□	□	□	V T4.4

andere Probleme..	V T4.5

Frage 5	**Wie erleben Sie als Eltern die MitarbeiterInnen der Tagesgruppe?**					
Die Mitarbeiter	trifft gar nicht zu (1)	trifft eher nicht zu (2)	trifft eher zu (3)	trifft völlig zu (4)	trifft für mich nicht zu (5)	
...gehen auf unsere Sichtweisen ein, bevor sie Vorschläge zur Vorgehensweise machen.	☐	☐	☐	☐	☐	V T5.1
...wirken unzufrieden, wenn wir nicht auf ihre Vorschläge eingehen.	☐	☐	☐	☐	☐	V T5.2

Frage 6	**Zuletzt geht es darum, inwieweit die MitarbeiterInnen es erreichen, dass Sie sich fähig fühlen, das Problem anzugehen.**					
die Mitarbeiter vermitteln uns das Gefühl, ...	trifft gar nicht zu (1)	trifft eher nicht zu (2)	trifft eher zu (3)	trifft völlig zu (4)	trifft für mich nicht zu (5)	
...dass wir fähig sind, das Problem zu lösen.	☐	☐	☐	☐	☐	V T6.1
...dass wir mit dem Problem überfordert sind.	☐	☐	☐	☐	☐	V T6.2

Frage 7	**Ich hätte mir in der Entlassphase einen weicheren Übergang mit sich langsam reduzierender Betreuungszeit vorgestellt:**					
	trifft gar nicht zu (1)	trifft eher nicht zu (2)	trifft eher zu (3)	trifft völlig zu (4)	trifft für mich nicht zu (5)	
Wunsch nach weicherem Übergang in der Entlassphase.	☐	☐	☐	☐	☐	V T7.1

Frage 8	**In diesen Fragen geht es um Ihre Zufriedenheit mit einzelnen Aspekten der Tagesgruppenarbeit.**					
	trifft gar nicht zu (1)	trifft eher nicht zu (2)	trifft eher zu (3)	trifft völlig zu (4)	trifft für mich nicht zu (5)	
Mit den Öffnungs-/Betreuungszeiten für die Kinder am Nachmittag bin ich sehr zufrieden.	□	□	□	□	□	V T8.1
Mit der Anzahl der Elterngespräche bin ich zufrieden.	□	□	□	□	□	V T8.2
Mit der Anzahl der Fachkräfte bei den Gesprächen bin ich zufrieden.	□	□	□	□	□	V T8.3
Die Anzahl der Kinder in der Tagesgruppe finde ich angemessen.	□	□	□	□	□	V T8.4

Frage 9	**Die folgenden Fragen beziehen sich auf die derzeitige Situation in Ihrer Familie:** ***Bitte geben Sie bei der folgenden Aufzählung für jedes Problem an, inwieweit es heute bei Ihrem Kind zutrifft.***					
es gibt....	trifft gar nicht zu (1)	trifft eher nicht zu (2)	trifft eher zu (3)	trifft völlig zu (4)	trifft für mich nicht zu (5)	
...allgemeine Lern- und Leistungsprobleme	□	□	□	□	□	V T9.1
...Konzentrationsschwierigkeiten	□	□	□	□	□	V T9.2
...Lese-/Rechtschreibschwäche	□	□	□	□	□	V T9.3
...mangelnde Motivation, Schulunlust	□	□	□	□	□	V T9.4
...Schulverweigerung (z.B. Schule schwänzen)	□	□	□	□	□	V T9.5

Frage 9 2.Teil	**Die folgenden Fragen beziehen sich auf die derzeitige Situation in Ihrer Familie:** ***Bitte geben Sie bei der folgenden Aufzählung für jedes Problem an, inwieweit es <u>heute</u> bei Ihrem Kind zutrifft.***					
es gibt...	trifft gar nicht zu (1)	trifft eher nicht zu (2)	trifft eher zu (3)	trifft völlig zu (4)	trifft für mich nicht zu (5)	
...Aggressivität	□	□	□	□	□	V T9.6
...extreme Unruhe	□	□	□	□	□	V T9.7
...auffälliges Verhalten, wie (z.B. extremes Lügen, Stehlen, Zündeln, ...)	□	□	□	□	□	V T9.8
...Drogen oder Alkoholprobleme	□	□	□	□	□	V T9.9
...Konflikte mit dem Gesetz Ängste	□	□	□	□	□	V T9.10
...mangelndes Selbstvertrauen/ Unsicherheit	□	□	□	□	□	V T9.11
...Kontaktprobleme/ Schüchternheit	□	□	□	□	□	V T9.12
...Eltern-Kind/ Konflikte	□	□	□	□	□	V T9.13
...Geschwisterkonflikte	□	□	□	□	□	V T9.14
...Schlafstörungen	□	□	□	□	□	V T9.15
...Einnässen/ Einkoten	□	□	□	□	□	V T9.16
..Körperliche Beschwerden (z.B. Kopf-/ Bauchschmerzen, Asthma, Allergien)	□	□	□	□	□	V T9.17

andere Probleme..	V T7.19

Frage 10	**Abschließend möchten wir Ihnen die Möglichkeit geben, uns Ihre eigenen Vorschläge zur Verbesserung unserer Arbeit mitzuteilen:**

Vorschläge: V T10

....

....

....

....

....

Frage 10.1	**Was könnte in unseren Angeboten aus Ihrer Erfahrung heraus besser gemacht werden?**

V T10.1

....

....

....

....

....

Frage 10.2	**Was hat Ihnen an unserem Angebot besonders gut gefallen und sollte auf keinen Fall geändert werden?**

V T10.2

....

....

....

....

....

Vielen Dank für Ihr Bemühen und Ihre Unterstützung !

Zeitfracht Medien GmbH
Ferdinand-Jühlke-Straße 7
99095 Erfurt, Deutschland
produktsicherheit@kolibri360.de